쑥쑥쑥쑥 타자실력

차시	날짜	빠르기	정확도	확인란
1	월 일	타	%	
2	월 일	타	%	
3	월 일	타	%	
4	월 일	타	%	
5	월 일	타	%	
6	월 일	타	%	
7	월 일	타	%	
8	월 일	타	%	
9	월 일	타	%	
10	월 일	타	%	
11	월 일	타	%	
12	월 일	타	%	

차시	날짜	빠르기	정확도	확인란
13	월 일	타	%	
14	월 일	타	%	
15	월 일	타	%	
16	월 일	타	%	
17	월 일	타	%	
18	월 일	타	%	
19	월 일	타	%	
20	월 일	타	%	
21	월 일	타	%	
22	월 일	타	%	
23	월 일	타	%	
24	월 일	타	%	

이 책의 목차

처음부터 차근차근 따라하다 보면
어느새 나도 파워포인트 2016 전문가!!

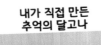

두근두근 파워포인트 2016 시작하기

학습목표

- 파워포인트 2016의 화면 구성을 이해할 수 있습니다.
- 파워포인트 2016을 실행하여 파일을 열 수 있습니다.
- 문서를 저장하거나 다른 이름으로 저장할 수 있습니다.

✿ **파워포인트** 발표 자료를 손으로 직접 만들면 힘들고 시간이 많이 걸릴 뿐만 아니라 발표할 때 전달이 잘 안 될 수도 있어요. 하지만 컴퓨터와 파워포인트를 이용하면 발표 자료를 쉽고 빠르게 만들고, 발표까지 멋지게 할 수 있어요.

실습파일 : 교통수단.pptx   완성파일 : 교통수단(완성).pptx

미리보기

다양한 교통수단

자전거
(bicycle)

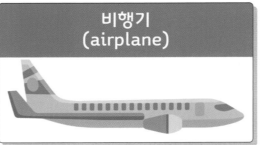

비행기
(airplane)

파워포인트가 뭐예요?

- 여러 사람들 앞에서 설명하거나 발표하는 것을 프레젠테이션(Presentation)이라고 해요.
- 프레젠테이션 프로그램을 사용하면 설명하려는 내용을 효과적으로 전달할 수 있어요.
- 파워포인트(PowerPoint)는 마이크로소프트(Microsoft)라는 회사에서 개발한 프레젠테이션 프로그램이에요.
- 파워포인트는 선생님, 학생, 회사원 등 많은 사람들이 다양한 용도로 사용하고 있어요.

1 파워포인트 2016은 이렇게 생겼어요.

❶ **빠른 실행 도구 모음** : 자주 사용하는 도구들을 빠르게 실행할 수 있도록 모아 놓은 것으로, 필요한 기능을 추가하거나 삭제할 수 있습니다.

❷ **제목 표시줄** : 현재 작업 중인 문서의 파일명이 표시됩니다.

❸ **창 조절 버튼** : 창 크기를 최소화/최대화하거나 창을 닫을 수 있습니다.

❹ **[파일] 탭** : 새로 만들기, 열기, 저장, 인쇄 등 파일 관리를 할 수 있습니다.

❺ **리본 메뉴** : 탭을 누르면 해당 탭의 리본이 열리고 도구와 기능이 표시됩니다.

❻ **축소판 그림/개요 창** : 슬라이드의 축소판 그림을 표시하거나 개요 형태의 텍스트가 표시됩니다.

❼ **슬라이드 작업 창** : 슬라이드의 개체를 다루면서 작업하는 공간입니다.

❽ **상태 표시줄** : 슬라이드 번호, 맞춤법 오류, 언어 등이 표시됩니다.

❾ **화면 보기 버튼** : 기본, 여러 슬라이드, 읽기용 보기, 슬라이드 쇼 등의 보기 형식을 선택할 수 있습니다.

❿ **확대/축소** : 슬라이드 작업 창의 슬라이드 크기를 조절할 수 있습니다.

② 파워포인트 실행하여 실습파일 열기

01 화면 왼쪽 아래의 **[시작(⊞)]**을 클릭하고 [PowerPoint 2016]를 클릭하여 파워포인트 2016 프로그램을 실행한 후 **[다른 프레젠테이션 열기]**를 클릭해요.

02 **[찾아보기]**를 클릭하여 **[열기]** 대화상자가 나타나면 [01차시] 폴더의 **'교통수단.pptx'**를 선택한 후 [열기]를 클릭해요.

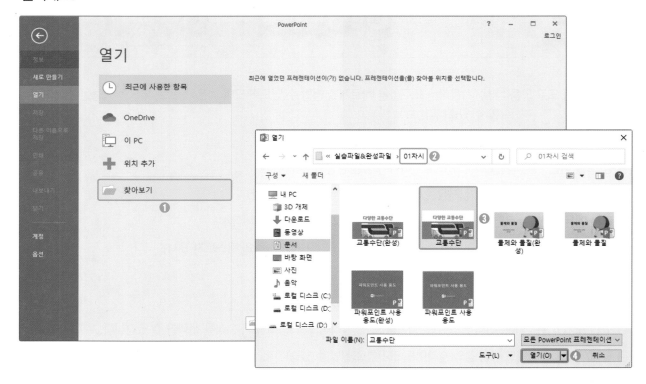

03 왼쪽의 축소판 그림 창에서 **3번 슬라이드**를 선택해요.

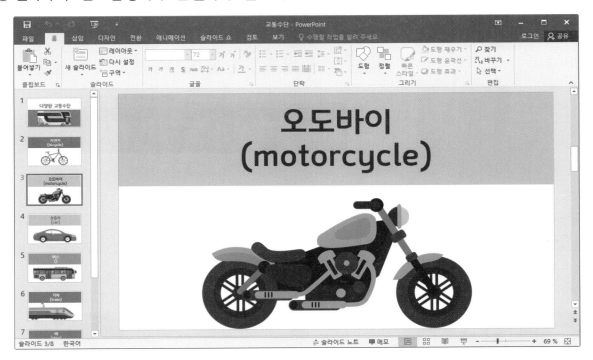

04 '오도바이'를 '오토바이'로 고치기 위해 '도' 오른쪽을 클릭하여 백스페이스(Backspace)를 한 번 눌러 '도'를 삭제한 후 **"토"**를 입력해요.

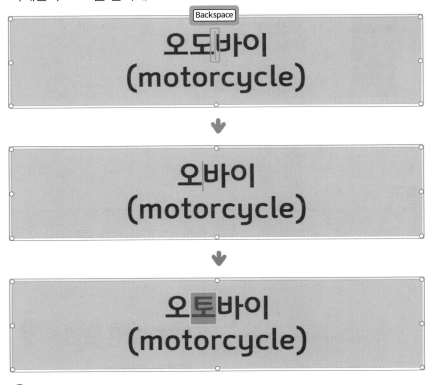

💡 영어가 입력되면 키보드의 [한/영]을 눌러 한글로 바꿔서 입력하세요.

05 축소판 그림 창에서 **5번 슬라이드**를 선택하여 괄호 사이를 클릭한 후 한/영을 눌러 영어로 바꾸고 **"bus"**를 입력해요.

⑧ 문서 저장하기

01 문서를 저장하기 위해 **[파일] 탭-[저장]**을 클릭해요.

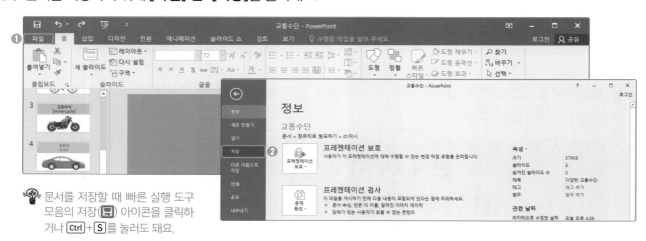

💡 문서를 저장할 때 빠른 실행 도구 모음의 저장(💾) 아이콘을 클릭하거나 Ctrl+S를 눌러도 돼요.

LEVEL UP 다른 이름으로 저장하기

[파일] 탭-[다른 이름으로 저장]을 클릭하면 현재 문서의 복사본을 다른 이름이나 다른 위치에 저장할 수 있어요.

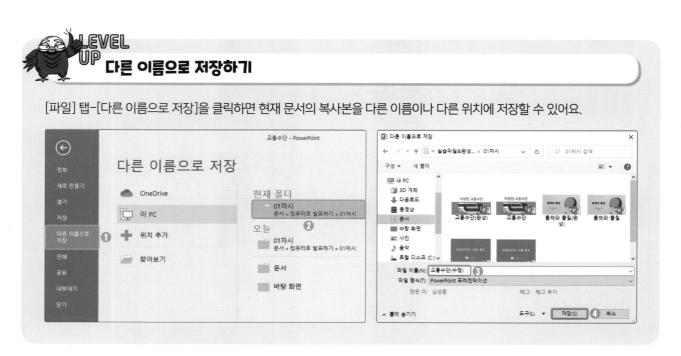

혼자서 뚝딱뚝딱

1 실습파일을 열어 2~4번 슬라이드의 제목 도형을 선택하고 텍스트를 입력한 후 '파워포인트 사용 용도(완성).pptx'로 저장해 보세요.

· 실습파일 : 파워포인트 사용 용도.pptx   · 완성파일 : 파워포인트 사용 용도(완성).pptx

💡 도형을 선택하고 바로 글자를 입력하면 되고, Enter 를 누르면 다음 줄에 입력할 수 있어요.

📖 **과학 3-1** ▸ 물체는 어떤 재료로 만들어졌을까요?

2 실습파일을 열어 주어진 물체가 어떤 물질로 이루어져 있는지 입력한 후 '물체와 물질(완성).pptx' 로 저장해 보세요.

· 실습파일 : 물체와 물질.pptx   · 완성파일 : 물체와 물질(완성).pptx

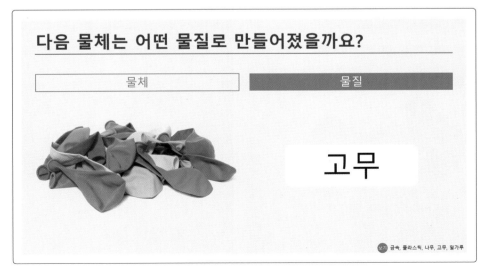

02 테마로 프레젠테이션 만들기

학습목표

- 슬라이드 크기를 변경할 수 있습니다.
- 원하는 테마를 적용할 수 있습니다.
- 슬라이드를 삽입하여 내용을 입력할 수 있습니다.

테마 테마에는 배경이나 글꼴, 색 등이 미리 디자인되어 있어요.
그래서 테마를 적용하면 디자인을 할 필요 없이 내용만 입력하면 되기 때문에 순식간에 멋진 슬라이드를 만들 수 있어요.

실습파일 : 활동모습.jpg　　완성파일 : 모둠 활동.pptx

미리보기

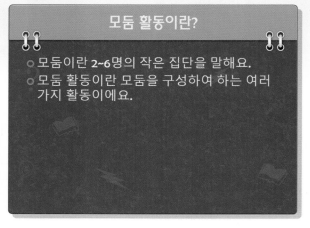

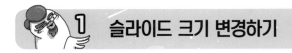

1 슬라이드 크기 변경하기

01 [시작(⊞)]-[PowerPoint 2016]를 클릭하여 파워포인트 2016 프로그램을 실행한 후 [새 프레젠테이션]을 클릭해요.

02 슬라이드 크기를 변경하기 위해 [디자인] 탭-[사용자 지정] 그룹-[슬라이드 크기]-[표준(4:3)]을 클릭해요.

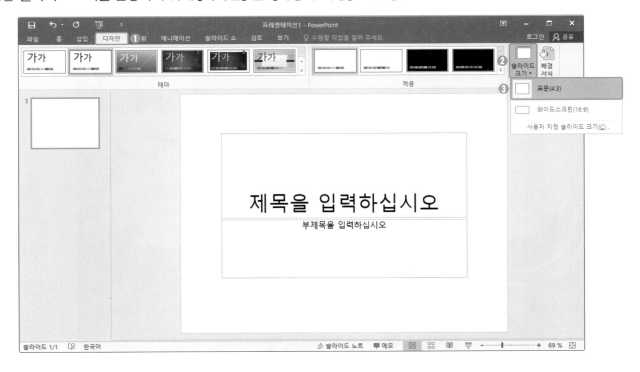

01 테마를 적용하기 위해 **[디자인] 탭-[테마] 그룹**의 [자세히(▾)] 버튼을 클릭하여 아래로 스크롤한 후 **[어린이 테마]**를 클릭해요.

02 제목 개체 틀을 클릭하여 **"모둠 활동"**을 입력하고, 부제목 개체 틀을 클릭하여 **모둠 이름**과 **친구들 이름**을 입력해요.

3 슬라이드 삽입하여 내용 입력하기

01 새 슬라이드를 삽입하기 위해 **[삽입] 탭-[슬라이드] 그룹-[새 슬라이드(새 슬라이드)]-[제목 및 내용]**을 클릭한 후 제목 개체 틀과 부제목 개체 틀을 각각 클릭하여 다음과 같이 내용을 입력해요.

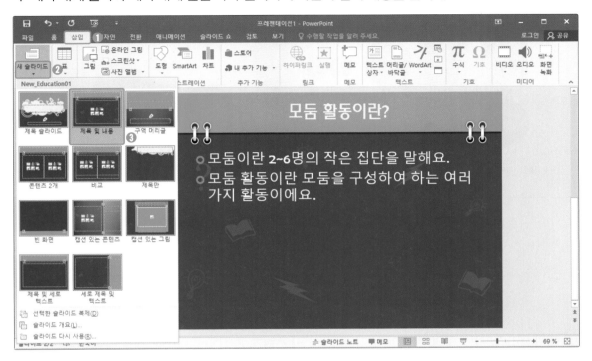

02 **[삽입] 탭-[슬라이드] 그룹-[새 슬라이드(새 슬라이드)]-[캡션 있는 그림]**을 클릭하여 새 슬라이드를 삽입해요.

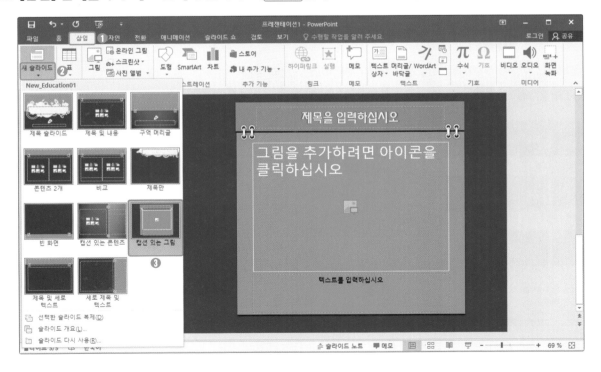

03 위쪽 제목과 아래쪽 텍스트를 입력한 후 그림 개체 틀의 **그림(🖼)** 아이콘을 클릭하여 [02차시] 폴더의 **'활동 모습.jpg'**를 선택하고 [삽입]을 클릭해요.

04 [삽입] 탭-[슬라이드] 그룹-[새 슬라이드(새 슬라이드)]-[콘텐츠 2개]를 클릭하여 새 슬라이드를 삽입한 후 다음과 같이 내용을 입력해요.

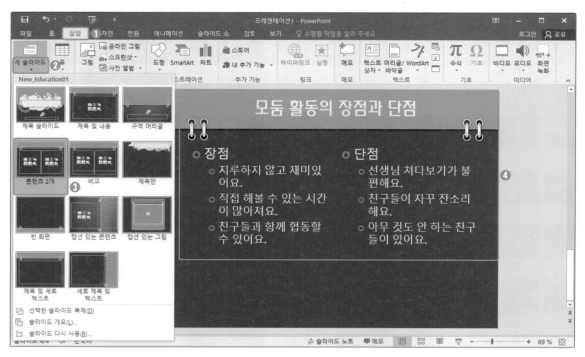

🌱 "장점"을 입력하고 Enter 를 누른 후 [홈] 탭-[단락] 그룹-[목록 수준 늘림(🔼)]을 클릭하면 들여쓰기가 적용되고 글꼴 크기가 작아져요.

05 [파일] 탭-[저장]을 클릭하여 문서를 저장해 보세요.

혼자서 뚝딱뚝딱

① 새 프레젠테이션을 열어 작성 조건대로 문서를 만든 후 '3D 펜.pptx'로 저장해 보세요.

· **실습파일** : 이미지 파일(과정, 작품1, 작품2)   · **완성파일** : 3D 펜.pptx

작성조건

· 슬라이드 크기 : 표준(4:3)
· 테마 : 교육 테마
· 슬라이드 1 : 제목 슬라이드
· 슬라이드 2 : 제목 및 내용
· 슬라이드 3 : 캡션 있는 그림
· 슬라이드 4 : 콘텐츠 2개

📖 **과학 3-1** ▹ 지구의 모습

② 새 프레젠테이션을 열어 작성 조건대로 문서를 만든 후 '지구와 달.pptx'로 저장해 보세요.

· **실습파일** : 이미지 파일(지구, 달, 지구+농구공, 달+테니스공)   · **완성파일** : 지구와 달.pptx

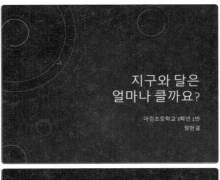

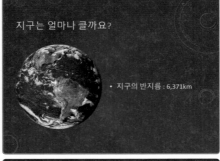

작성조건

· 슬라이드 크기 : 표준(4:3)
· 테마 : 천체
· 슬라이드 1 : 제목 슬라이드
· 슬라이드 2 : 콘텐츠 2개
· 슬라이드 3 : 콘텐츠 2개
· 슬라이드 4 : 비교

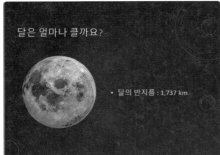

03 글머리 기호와 번호로 자기 소개하기

학습목표

- 글꼴과 글꼴 스타일을 설정할 수 있습니다.
- 글머리 기호 목록을 만들 수 있습니다.
- 번호 매기기 목록을 만들 수 있습니다.

글머리 기호 여러 줄에 걸쳐 여러 개의 내용을 적을 때 문단의 맨 앞에 기호를 붙이거나 번호를 매길 수 있어요.
글머리 기호나 번호를 적절하게 사용하면 내용이 정리된 것처럼 깔끔하게 보여요.

실습파일 : 내 소개.pptx　　완성파일 : 내 소개(완성).pptx

미리보기

나를 소개합니다

서지우

내 이름은 서지우

- 나이 : 9살
- 생일 : 4월 20일
- 학교 : 마린초등학교
- 혈액형 : O형

나의 장래희망

1. 로봇 개발자
2. 유튜브 크리에이터
3. 초등학교 선생님

1 글꼴과 글꼴 스타일 설정하기

01 파워포인트 2016 프로그램을 실행하여 **[다른 프레젠테이션 열기]**를 클릭한 후 [03차시]의 **'내 소개.pptx'** 파일을 열고 **1번 슬라이드**를 선택해요.

🌱 새 프레젠테이션을 열고 [파일] 탭-[열기] 메뉴를 클릭하거나 Ctrl+O를 눌러도 돼요.

02 제목 개체 틀을 클릭하여 **"나를 소개합니다"**를 입력한 후 테두리를 클릭하여 **[홈] 탭-[글꼴]** 그룹에서 글꼴과 글꼴 스타일을 지정해요.

· ❹ 글꼴(HY엽서M) ❺ 글꼴 스타일(굵게)

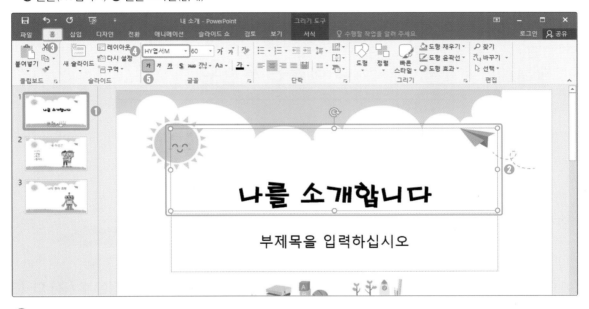

🌱 텍스트를 입력하고 Esc를 눌러도 텍스트 상자 개체가 선택돼요.

03 부제목 개체 틀을 클릭하여 여러분의 이름을 입력한 후 **[홈] 탭-[글꼴]** 그룹에서 글꼴과 글꼴 스타일을 지정해요.

· ❸ 글꼴(HY엽서M) ❹ 글꼴 스타일(텍스트 그림자)

2 글머리 기호 목록 만들기

01 **2번 슬라이드**를 선택하여 제목에 여러분의 이름을 입력한 후 테두리를 클릭하여 **[홈] 탭-[글꼴] 그룹**에서 글꼴과 글꼴 스타일을 지정해요.

· ❹ 글꼴(HY엽서M) ❺ 글꼴 스타일(밑줄)

02 내용에 여러분의 나이와 생일, 학교, 혈액형을 입력하고 테두리를 클릭하여 **글꼴**을 지정한 후 **[홈] 탭-[단락] 그룹-[줄 간격(↕≡▾)]-[1.5]**를 클릭해요.

· ❹ 글꼴(HY엽서M)

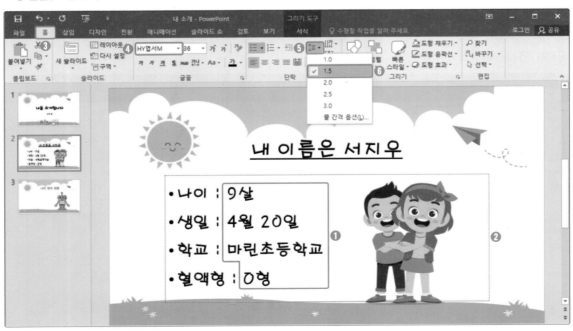

03 글머리 기호 목록을 만들기 위해 **[홈] 탭-[단락] 그룹-[글머리 기호]** 버튼 옆의 화살표(▾)를 클릭하여 **[화살표 글머리 기호]**를 선택해요.

💡 여러분의 성별이 아닌 캐릭터를 클릭하여 선택한 후 Delete 를 눌러 삭제해요.

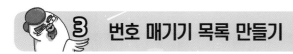
3 번호 매기기 목록 만들기

01 **3번 슬라이드**를 선택하고 내용에 여러분의 장래 희망을 3개 입력한 후 테두리를 클릭하여 **[홈] 탭-[글꼴] 그룹**에서 글꼴을 지정해요.

02 텍스트 색을 변경하기 위해 첫 번째 항목을 드래그한 후 **[홈] 탭-[글꼴] 그룹-[글꼴 색]** 버튼 옆의 화살표(▾)를 클릭하여 **색**을 선택해요.
  - ❺ 글꼴(HY엽서M) ❽ 글꼴 색(빨강)

03 같은 방법으로 두 번째, 세 번째 항목의 글꼴 색을 각각 **'자주'**, **'녹색'**으로 지정한 후 테두리를 클릭하여 **[줄 간 격(![줄간격]▾)]-[1.5]**를 클릭해요.

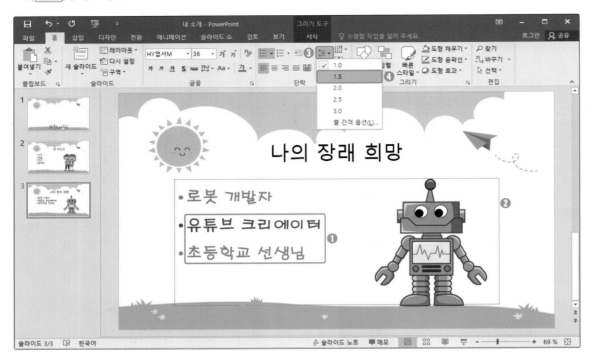

04 번호 매기기 목록을 만들기 위해 **[홈] 탭-[단락] 그룹-[번호 매기기]** 버튼 옆의 화살표(▾)를 클릭하여 **[1. 2. 3.]**을 선택해요.

💡 [1. 2. 3.] 번호를 매길 경우 ![아이콘]을 클릭하면 돼요.

05 **[파일] 탭-[다른 이름으로 저장]**을 클릭하여 문서를 다른 이름으로 저장해 보세요.

혼자서 뚝딱뚝딱

실습파일을 열어 다음과 같이 텍스트를 입력한 후 글머리 기호를 별 모양으로 지정해 보세요.

· 실습파일 : 학급 규칙.pptx   · 완성파일 : 학급 규칙(완성).pptx

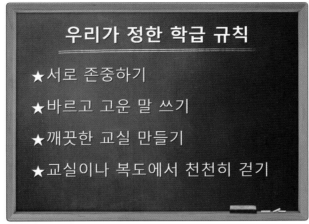

우리가 정한 학급 규칙

★서로 존중하기

★바르고 고운 말 쓰기

★깨끗한 교실 만들기

★교실이나 복도에서 천천히 걷기

힌트

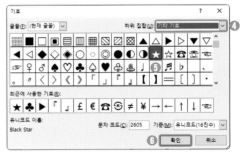

📖 **실과 5** ▶ 나의 균형 잡힌 식생활

2

실습파일을 열어 다음과 같이 텍스트를 입력한 후 번호를 매기고 글머리 기호를 변경해 보세요.

· 실습파일 : 떡볶이.pptx   · 완성파일 : 떡볶이(완성).pptx

떡볶이 만드는 법

1. 떡 400g과 물 300ml를 넣습니다.
2. 설탕 4스푼, 간장 2스푼, 고춧가루 1스푼, 고추장 1스푼을 넣습니다.
3. 물을 끓입니다.
4. 물이 끓으면 파를 넣고 약간 졸여줍니다.
✔취향에 따라 치즈, 라면, 삶은 달걀을 넣으면 더 맛있어요.

번호 매기기(1.2.3.)

글머리 기호(대조표 글머리 기호),
글꼴 색(진한 빨강)

04 워드아트로 희망 직업 알아보기

학습목표

- 워드아트를 삽입하고 서식을 지정할 수 있습니다.
- 워드아트 효과를 지정할 수 있습니다.
- 텍스트 상자를 복사하여 붙여 넣은 후 수정할 수 있습니다.

워드아트(WordArt) 글자를 예쁘게 꾸미는 작업은 생각보다 어려울 수 있어요. 하지만 글자의 채우기 색, 윤곽선 색, 다양한 효과가 적용되어 있는 워드아트를 사용하면 쉽고 빠르게 예쁜 글자를 만들 수 있어요.

실습파일 : 희망직업.pptx   완성파일 : 희망직업(완성).pptx

미리보기

초등학생 희망 직업
BEST 10

1 워드아트 삽입하고 효과 지정하기

01 파워포인트 2016 프로그램을 실행하여 [04차시]의 '**희망직업.pptx**' 파일을 열고 **1번 슬라이드**를 선택해요.

02 워드아트를 삽입하기 위해 **[삽입] 탭-[텍스트] 그룹-[WordArt]-[A]**를 클릭해요.

💡 선택한 WordArt 스타일은 '채우기 - 파랑, 강조 1, 윤곽선 - 배경 1, 진한 그림자 - 강조 1'이에요.

03 "**초등학생 희망 직업**"을 입력하고 테두리를 클릭한 후 **[홈] 탭-[글꼴] 그룹**에서 글꼴 크기를 지정해요.

· ❸ 글꼴 크기(70pt)

04 **[그리기 도구-서식] 탭-[WordArt 스타일] 그룹-[텍스트 효과(가 ▾)]-[변환]-[위쪽 원호]**를 클릭해요.

05 `Esc`를 누르거나 슬라이드의 빈 곳을 클릭하여 선택을 해제한 후 **[삽입] 탭-[텍스트] 그룹-[WordArt]-[A]**
를 클릭하여 **"BEST 10"**을 입력해요.

> 💡 텍스트 상자가 선택된 상태에서 다른 워드아트 스타일을 지정하면 현재의 워드아트 스타일이 변경돼요.
> 선택한 WordArt 스타일은 '채우기 – 흰색, 윤곽선 – 강조 2, 진한 그림자 – 강조 2'에요.

06 테두리를 클릭한 후 **[홈] 탭-[글꼴] 그룹**에서 글꼴 크기와 글꼴 색을 지정해요.

- ❷ 글꼴 크기(100pt) ❹ 글꼴 색(황금색, 강조 4)

07 **"초등학생 희망 직업"** 텍스트 상자의 테두리를 위로 드래그하여 제목 슬라이드를 완성해요.

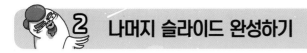

2 나머지 슬라이드 완성하기

01 **2번 슬라이드**를 선택하고 아래쪽 도형을 클릭하여 직업 이름을 입력한 후 워드아트를 삽입하기 위해 **[삽입]** **탭-[텍스트] 그룹-[WordArt]-[Ａ]**를 클릭해요.

💡 선택한 WordArt 스타일은 '무늬 채우기 – 청회색, 텍스트 2, 어두운 상향 대각선, 진한 그림자 – 텍스트 2'에요.

02 "**1**"을 입력하고 텍스트 상자를 드래그하여 위치를 이동해요.

03 Ctrl + Shift 를 누른 채 오른쪽으로 드래그하여 복제한 후 텍스트를 "**2**"로 수정해요.

💡 Ctrl +드래그 : 복제, Shift +드래그 : 직선 방향 이동, Ctrl + Shift +드래그 : 직선 방향 복제

04 같은 방법으로 "**5**"까지 만들어요.

05 텍스트 상자들을 복사하기 위해 드래그하여 텍스트 상자를 모두 선택한 후 **[홈] 탭-[클립보드] 그룹-[복사(🗐)]**를 클릭해요.

💡 Ctrl + C 를 눌러도 복사할 수 있어요.

06 복사된 텍스트 상자를 붙여 넣기 위해 **3번 슬라이드**를 선택하고 **[홈] 탭-[클립보드] 그룹-[붙여넣기(📋)]**를 클릭한 후 숫자를 수정해요.

💡 Ctrl + V 를 눌러도 붙여 넣을 수 있어요.

07 직업 이름을 입력하면 완성돼요.

1 실습파일을 열어 작성 조건대로 제목을 만들어 보세요.

· **실습파일** : 캠핑 여행.pptx　　　· **완성파일** : 캠핑 여행(완성).pptx

· 워드아트 스타일 : A (그라데이션 채우기 – 황금색, 강조 4, 윤곽선 – 강조 4)
· [텍스트 효과(가 ▾)]
　– [네온]–[파랑, 11 pt 네온, 강조색 1]
　– [변환]–[이중 물결 1]

영어 3-1 ▸ Touch Your Feet

2 실습파일을 열어 작성 조건대로 제목을 만든 후 비어 있는 신체 부위의 이름을 입력해 보세요.

· **실습파일** : my body.pptx　　　· **완성파일** : my body(완성).pptx

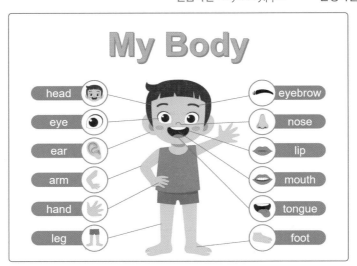

· 제목 개체 틀의 텍스트를 선택한 후 워드아트 스타일로 바꾸기
· 워드아트 스타일 : A (무늬 채우기 – 파랑, 강조 1, 50%, 진한 그림자 – 강조 1)
· 글꼴(Arial), 글꼴 크기(72pt)

05 도형으로 멋쟁이 토마토 그리기

학습목표

- 다양한 도형을 삽입할 수 있습니다.
- 도형을 회전시킬 수 있습니다.
- 도형 스타일을 지정할 수 있습니다.

도형 삽입 파워포인트의 가장 큰 장점 중의 하나가 다양한 도형을 삽입하여 여러 가지 효과를 적용할 수 있는 것이에요. 도형을 삽입하여 여러 색으로 칠하고, 네온 효과도 주고, 회전시킬 수도 있어요.

실습파일 : 토마토.pptx   완성파일 : 토마토(완성).pptx

미리보기

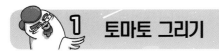

1 토마토 그리기

01 파워포인트 2016 프로그램을 실행하여 [05차시]의 '**토마토.pptx**' 파일을 열어요.

02 원을 그리기 위해 **[삽입] 탭-[일러스트레이션] 그룹-[도형]-[기본 도형]-[타원(◯)]**을 클릭하고 Shift 를
누른 채 드래그해요.

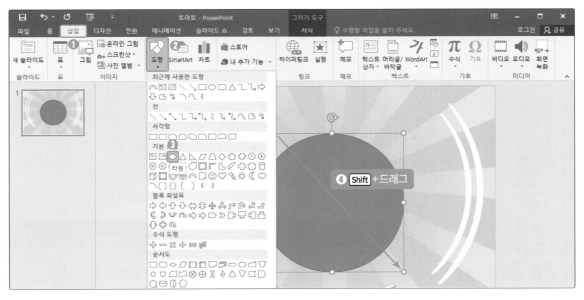

💡 타원을 그릴 때 Shift 를 누른 채 드래그하면 가로와 세로의 길이가 같은 원이 그려져요.

03 원의 채우기 색을 변경하기 위해 **[그리기 도구-서식] 탭-[도형 스타일] 그룹-[도형 채우기]-[다른 채우기
색]**을 클릭한 후 **[색]** 대화상자의 **[표준]** 탭에서 약간 연한 빨강을 선택한 후 [확인]을 클릭해요.

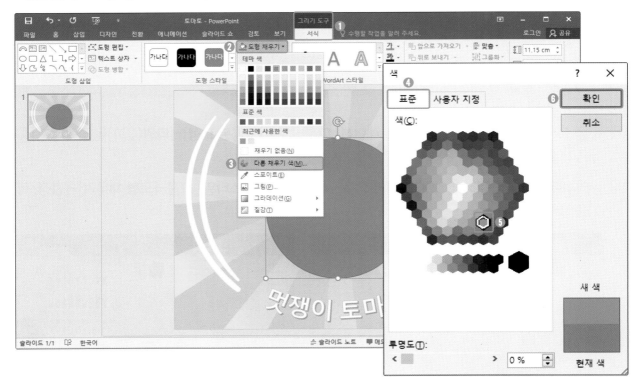

04 꼭지를 그리기 위해 **[삽입] 탭-[일러스트레이션] 그룹-[도형]-[별 및 현수막]-[포인트가 5개인 별(☆)]** 을 클릭하고 토마토 윗부분에 드래그해요.

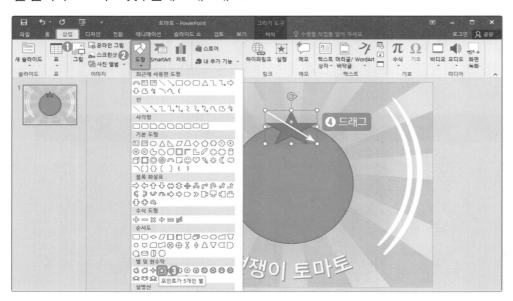

05 꼭지의 채우기 색을 변경하기 위해 **[그리기 도구-서식] 탭-[도형 스타일] 그룹-[도형 채우기]-[녹색]** 을 클릭해요.

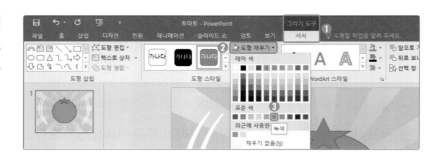

2 눈 그리기

01 눈을 그리기 위해 **[삽입] 탭-[일러스트레이션] 그룹-[도형]-[기본 도형]-[타원(○)]** 을 클릭하고 Shift 를 누른 채 드래그해요.

02 눈의 채우기 색을 변경하기 위해 **[그리기 도구-서식] 탭-[도형 스타일] 그룹-[도형 채우기]-[검정, 텍스트 1]** 을 클릭해요.

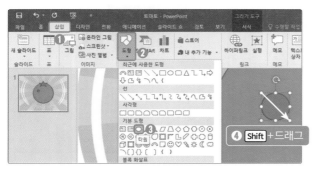

03 같은 방법으로 타원을 이용하여 눈망울을 그리고 채우기 색을 '**흰색, 배경 1**'로 변경해요.

04 눈과 눈망울을 드래그하여 선택한 후 Ctrl + Shift 를 누른 채 오른쪽으로 드래그하여 복사해요.

▲ 눈망울 그리기

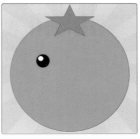
▲ 채우기 색 변경

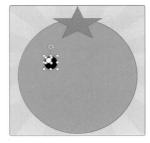
▲ 개체 선택

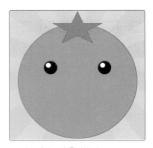
▲ 눈과 눈망울 복사

 **③ 입 그리기**

01 입을 그리기 위해 [**삽입**] 탭-[**일러스트레이션**] 그룹-[**도형**]-[**기본 도형**]-[**이등변 삼각형(△)**]을 클릭하고 드래그해요.

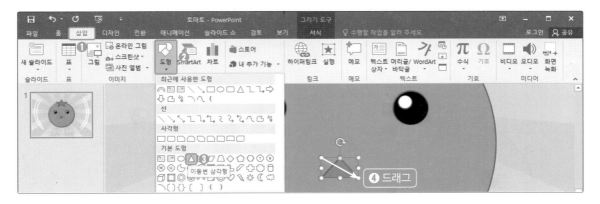

02 입의 채우기 색을 '**흰색, 배경 1**'로 변경해요.

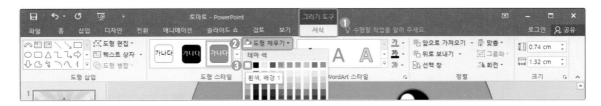

03 입을 위아래로 뒤집기 위해 [**그리기 도구-서식**] 탭-[**정렬**] 그룹-[**회전**]-[**상하 대칭**]을 클릭해요.

04 토마토, 눈, 입의 윤곽선 색과 두께를 변경하기 위해 드래그하여 모두 선택한 후 [그리기 도구-서식] 탭-[도형 스타일] 그룹-[도형 윤곽선]-[검정, 텍스트 1]을 클릭한 후 [두께]-[2¼pt]를 클릭해요.

 볼터치하기

01 타원으로 볼을 그리고 [그리기 도구-서식] 탭-[도형 스타일] 그룹의 [자세히(⌄)] 버튼을 클릭하여 테마 스타일을 지정한 후 Ctrl+Shift를 누른 채 드래그하여 복제해요.

- ❹ '보통 효과 – 황금색, 강조 4'

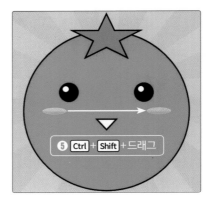

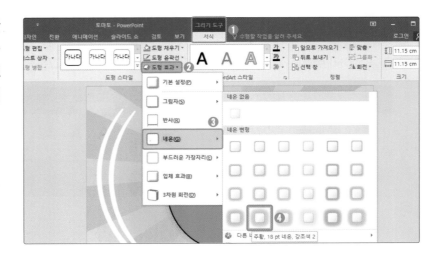 도형 효과 적용하기

01 도형 효과를 적용하기 위해 빨간 큰 원을 선택하고 [그리기 도구-서식] 탭-[도형 스타일] 그룹-[도형 효과]-[네온]-[주황, 18 pt 네온, 강조색 2]를 클릭해요.

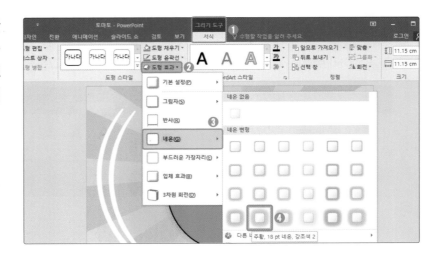

1 실습파일을 열어 작성 조건대로 판다의 머리를 그려 주세요.

· 실습파일 : 판다.pptx · 완성파일 : 판다(완성).pptx

작성 조건

· 도형 채우기 : '검정, 텍스트 1', '흰색, 배경 1'
· 도형 윤곽선
  – 색 : '검정, 텍스트 1'
  – 두께 : 2¼pt
· 입 모양 : [기본 도형]–[원호] 삽입 후 회전

 수학 2-1 ▸ 여러 가지 도형

2 실습파일을 열어 작성 조건대로 도형을 삽입하고 도형 효과를 지정한 후 빈칸을 채워 보세요.

· 실습파일 : 여러 가지 도형.pptx · 완성파일 : 여러 가지 도형(완성).pptx

여러 가지 도형

도형					
이름	원	삼각형	사각형	오각형	육각형
변의 수	0	3	4	5	6
꼭짓점의 수	0	3	4	5	6

 작성 조건

구분	도형	도형 스타일	도형 효과
원	[기본 도형]–[타원]	[색 채우기 – 주황, 강조 2]	[그림자]–[원근감 대각선 왼쪽 위]
삼각형	[기본 도형]–[이등변 삼각형]	[색 채우기 – 회색-50%, 강조 3]	[반사]–[근접 반사, 터치]
사각형	[사각형]–[직사각형]	[색 채우기 – 황금색, 강조 4]	[네온]–[황금색, 18pt 네온, 강조색 4]
오각형	[기본 도형]–[정오각형]	[색 채우기 – 파랑, 강조 5]	[입체 효과]–[각지게]
육각형	[기본 도형]–[육각형]	[색 채우기 – 녹색, 강조 6]	[기본 설정]–[기본 설정 1]

06 도형 병합으로 자동차 만들기

학습목표

- 여러 도형들을 가운데 또는 중간 맞춤을 하여 정렬할 수 있습니다.
- 도형 병합 기능으로 도형이 겹치는 부분만 보이게 할 수 있습니다.
- 도형 병합 기능으로 도형이 겹치는 부분을 뺄 수 있습니다.

 도형 병합 2개 이상의 도형에 대해 병합, 결합, 조각, 교차, 빼기 기능을 적용하여 새로운 모양의 도형을 만드는 기능이에요. 예를 들어 병합은 합치고, 결합은 겹치는 부분을 없애고, 빼기는 한 도형에서 다른 도형을 뺀 부분만 표시해요.

실습파일 : 자동차.pptx   완성파일 : 자동차(완성).pptx

미리보기

1 자동차 타이어 만들기

01 파워포인트 2016 프로그램을 실행하여 [06차시]의 '**자동차.pptx**' 파일을 열고 **1번 슬라이드**를 선택해요.

02 별 모양을 그리기 위해 [**삽입**] 탭-[**일러스트레이션**] 그룹-[**도형**]-[**별 및 현수막**]-[**포인트가 32개인 별**
(⚙)]을 클릭하고 Shift를 누른 채 드래그해요.

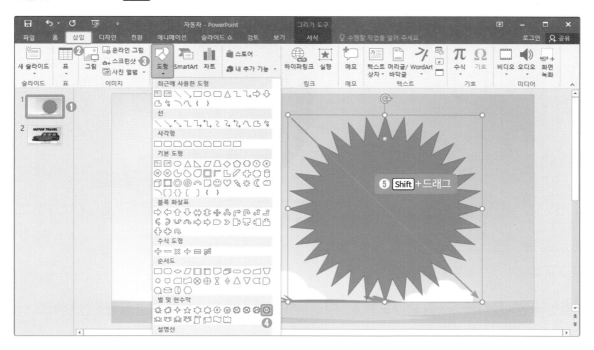

03 원을 그리기 위해 [**삽입**] 탭-[**일러스트레이션**] 그룹-[**도형**]-[**기본 도형**]-[**타원(○)**]을 클릭하고 Shift를
누른 채 드래그한 후 [**그리기 도구-서식**] 탭-[**도형 스타일**] 그룹의 [자세히(▾)] 버튼을 클릭하여 테마 스타
일을 지정해요.

• ❸ '색 채우기 – 검정, 어둡게 1'

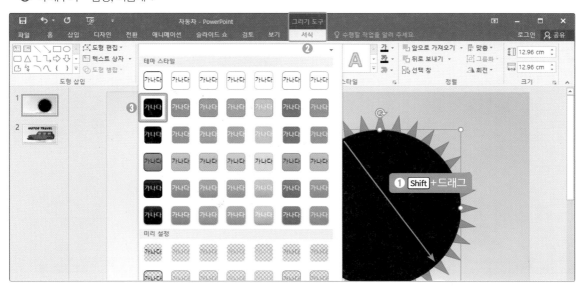

🐝 파란색 별이 가시처럼 보이도록 검은색 원의 크기를 조정하세요.

04 두 도형의 중심을 맞추기 위해 드래그하여 도형을 모두 선택한 후 **[그리기 도구-서식] 탭-[정렬] 그룹-[맞춤]-[가운데 맞춤]**과 **[중간 맞춤]**을 각각 클릭해요.

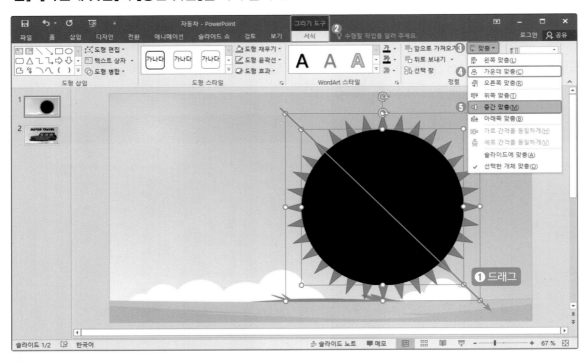

💡 Ctrl + A 를 눌러도 모두 선택할 수 있어요.

05 Esc 를 눌러 선택을 해제하고 **원 모양 도형**을 먼저 클릭하고 Shift 를 누른 채 **별 모양 도형**을 클릭해요.

06 검은색 원을 중심으로 파란색 별이 겹치는 부분만 보이도록 하기 위해 **[그리기 도구-서식] 탭-[도형 삽입] 그룹-[도형 병합]-[교차]**를 클릭해요.

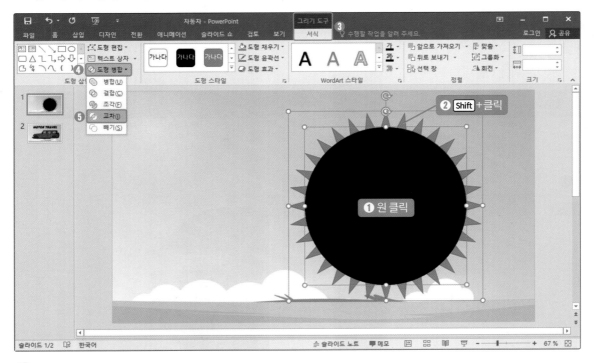

💡 검은색 원이 중심이 되어야 하므로 반드시 검은색 원을 먼저 선택하고 나서 파란색 별을 선택해야 해요.

② 자동차 휠 만들기

01 **[타원(◯)]**을 Shift 를 누른 채 드래그하여 원을 삽입하고 타이어의 중앙에 위치시킨 후 **[그리기 도구-서식]**
탭-[도형 스타일] 그룹의 [자세히(▼)] 버튼을 클릭하여 **테마 스타일**을 지정해요.

- ❸ '미세 효과 – 회색-50%, 강조 3'

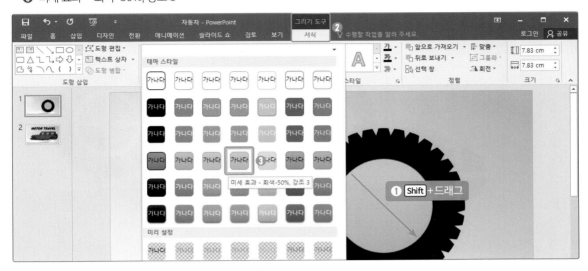

02 슬라이드의 빈 곳에 가로로 긴 직사각형을 삽입한 후 Ctrl + C 를 눌러 복사하고 Ctrl + V 를 눌러 붙여 넣어요.

03 복제된 도형의 회전 핸들(🔄)을 Shift 를 누른 채 드래그하여 수직으로 세워요.

  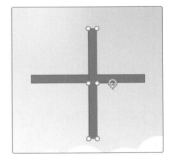

💡 Shift 를 누른 채 개체를 회전시키면 15도씩 회전돼요.

04 **[타원(◯)]**을 Shift 를 누른 채 드래그하여 원을 삽입하고 **테마 스타일**을 지정해요.

05 드래그하여 도형을 모두 선택한 후 **[그리기 도구-서식] 탭-[정렬]** 그룹-**[맞춤]-[가운데 맞춤]**과 **[중간 맞춤]**을 각각 클릭해요.

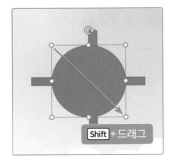 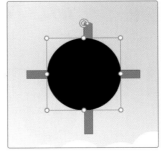 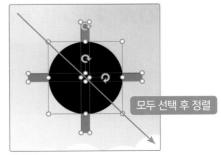

- '색 채우기 – 검정, 어둡게 1'

06 [Esc]를 눌러 선택을 해제해요. 원을 먼저 클릭하고 [Shift]를 누른 채 직사각형을 하나씩 클릭해 선택한 후 **[그리기 도구-서식] 탭-[도형 삽입] 그룹-[도형 병합]-[빼기]**를 클릭해요.

💡 검은색 원을 중심으로 파란색 직사각형이 겹치는 부분을 빼기 위해 [빼기]를 실행해요.

07 도형을 타이어의 중앙으로 위치를 이동하고 크기를 조정한 후 도형을 모두 선택하고 마우스 오른쪽 버튼을 클릭하여 **[그룹화]-[그룹]**을 클릭해요.

08 [Ctrl]+[C]를 눌러 바퀴를 복사해요.

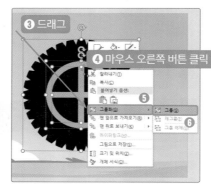
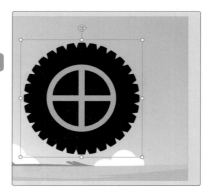

③ 바퀴 장착하기

01 **2번 슬라이드**를 선택하고 [Ctrl]+[V]를 눌러 붙여 넣은 후 [Shift]를 누른 채 크기 조정 핸들을 드래그하여 크기를 조정해요.

02 앞바퀴 위치로 드래그하여 이동한 후 [Ctrl]+[Shift]를 누른 채 드래그하여 뒷바퀴 위치로 복제하면 완성돼요.

혼자서 뚝딱 뚝딱

1 앞에서 완성한 작품의 제목을 '제목 배경.jpg' 그림과 도형 병합하여 다음과 같이 만들어 보세요.

· 실습파일 : 제목 효과.pptx, 제목 배경.jpg　　· 완성파일 : 제목 효과(완성).pptx

힌트

MOTOR TRAVEL

❶ '제목 배경.jpg' 그림 삽입 후 제목 위치로 이동
❷ 그림을 마우스 오른쪽 버튼으로 클릭하여 [맨 뒤로 보내기]
❸ 그림 먼저 선택하고 제목 선택하여 [도형 병합] – [교차]

여름 1-1 ▶ 우산 만들기

2 실습파일을 열어 도형 병합 기능으로 우산 모양을 만든 후 꼭지를 만들어 보세요.

· 실습파일 : 우산.pptx　　· 완성파일 : 우산(완성).pptx

· 모서리가 둥근 직사각형
· 도형 채우기(자주)
· 도형 윤곽선(자주)

그림 윤곽선(자주)

힌트

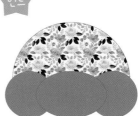

타원 도형 3개 삽입한 후
[도형 병합]–[빼기]

07 스마트아트로 동물의 한살이 표현하기

학습목표

- 스마트아트(SmartArt)를 삽입할 수 있습니다.
- 스마트아트 도형의 채우기와 선을 지정할 수 있습니다.
- 스마트아트 스타일을 지정할 수 있습니다.

✿ **스마트아트(SmartArt)** 스마트아트는 정보를 표현할 때 멋진 그래픽으로 표현하도록 도와주는 기능이에요. 이 기능을 잘 사용하면 여러분도 전문가처럼 디자인할 수 있어요.

실습파일 : 개구리 한살이.pptx, 이미지 파일(알, 올챙이, 올챙이-뒷다리, 올챙이-앞다리, 어린 개구리, 개구리)

완성파일 : 개구리 한살이(완성).pptx

미리보기

① 스마트아트(SmartArt) 삽입하기

01 파워포인트 2016 프로그램을 실행하여 [07차시]의 **'개구리 한살이.pptx'** 파일을 열어요.

02 스마트아트를 삽입하기 위해 **[삽입] 탭-[일러스트레이션] 그룹-[SmartArt]**를 클릭하여 **[SmartArt 그래픽 선택]** 대화상자에서 **[주기형]-[기본 주기형]**을 선택한 후 [확인]을 클릭해요.

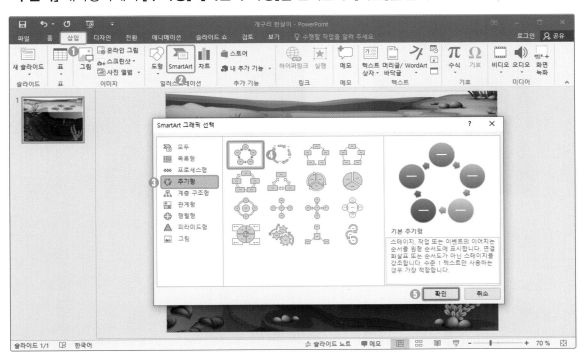

03 스마트아트 그래픽 왼쪽의 **텍스트 창 버튼(▶)**을 클릭하여 텍스트 창을 닫아요.

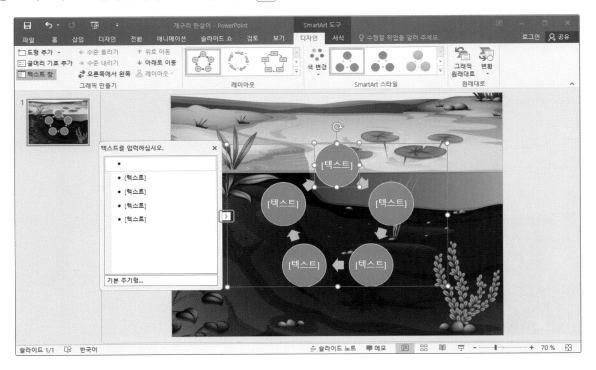

01 도형을 그림으로 채우기 위해 첫 번째 도형을 마우스 오른쪽 버튼으로 클릭하여 **[도형 서식]**을 클릭한 후 **[그림 서식]** 작업 창에서 **[도형 옵션]-[채우기 및 선]-[채우기]-[그림 또는 질감 채우기]-[파일]**을 클릭해요.

02 [07차시] 폴더의 **'개구리.png'** 파일을 선택한 후 [삽입]을 클릭해요.

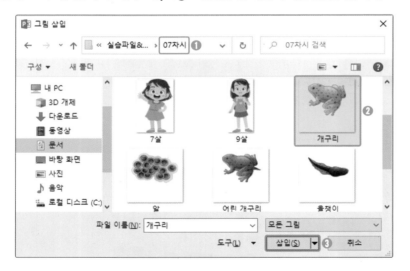

03 도형이 개구리 그림으로 채워지면 작업 창의 아래에서 **[선]-[선 없음]**을 선택한 후 텍스트 표시 부분을 클릭하여 Enter를 두 번 누르고 **"개구리"**를 입력해요.

04 같은 방법으로 2~5번째 도형을 '**알.png**', '**올챙이.png**', '**올챙이-뒷다리.png**', '**올챙이-앞다리.png**'로 채우고 선을 없앤 후 각각 Enter 를 두 번 눌러 "**알**", "**올챙이**", "**뒷다리**", "**앞다리**"를 입력해요.

05 도형을 추가하기 위해 5번째 도형이 선택된 상태에서 [**SmartArt 도구-디자인**] 탭-[**그래픽 만들기**] 그룹-[**도형 추가**]-[**뒤에 도형 추가**]를 클릭해요.

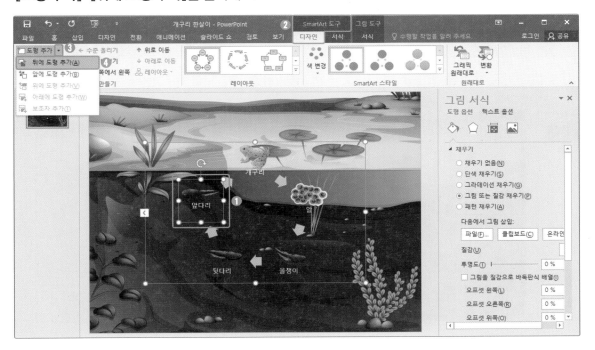

06 6번째 도형을 '**어린 개구리.png**'로 채우고 선을 없앤 후 마우스 오른쪽 버튼으로 클릭하여 [**텍스트 편집**]을 누르고 Enter 를 두 번 눌러 "**어린 개구리**"를 입력해요.

07 스마트아트의 크기 조정 핸들을 드래그하여 크기를 크게 하고 테두리를 드래그하여 위치를 이동해요.

🔆 도형의 크기에 따라 텍스트의 크기가 변하므로 도형의 크기를 조절하여 다른 텍스트와 크기를 맞춰주세요.

③ 스마트아트 스타일 지정하고 제목 입력하기

01 [SmartArt 도구-디자인] 탭-[SmartArt 스타일] 그룹의 [자세히(▾)] 버튼을 클릭하여 **[강한 효과]**를 선택해요.

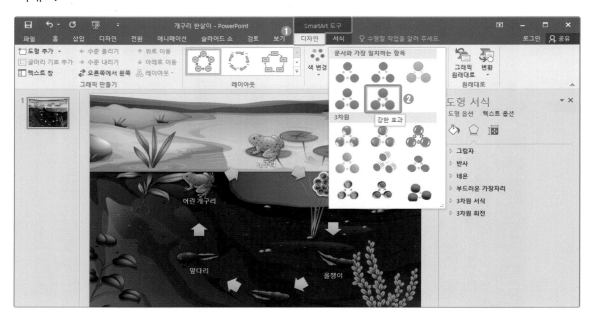

02 워드아트를 삽입하기 위해 **[삽입] 탭-[텍스트] 그룹-[WordArt]-[A]**를 클릭해요.

03 "**개구리의 한살이**"를 입력한 후 글꼴 크기를 '**40pt**'로 지정하면 완성돼요.

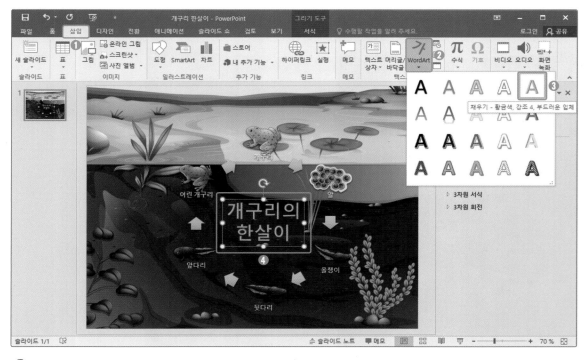

🌱 선택한 WordArt 스타일은 '채우기 – 황금색, 강조 4, 부드러운 입체'에요.

1 실습파일을 열어 작성 조건대로 스마트아트를 삽입하고 스타일을 지정하여 우리반 학생회 조직도를 만들어 보세요.

· 실습파일 : 학생회 조직도.pptx   · 완성파일 : 학생회 조직도(완성).pptx

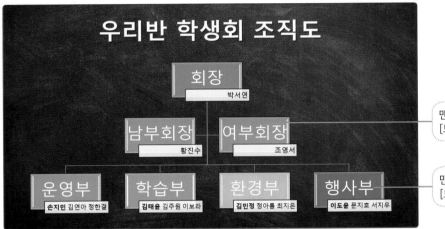

맨 위 도형 선택 후
[도형 추가]-[보조자 추가]

맨 위 도형 선택 후
[도형 추가]-[아래에 도형 추가]

· SmartArt 그래픽 종류 : [계층 구조형]-[이름 및 직위 조직도형]
· 색 변경 : [색상형]-[색상형 – 강조색]
· SmartArt 스타일 : [3차원]-[만화]

봄 2-1 ▶ 알쏭달쏭 나

2 실습파일을 열어 작성 조건대로 스마트아트를 삽입하고 스타일을 지정한 후 그림을 넣어 나의 성장 흐름표를 완성해 보세요.

· 실습파일 : 성장 흐름표.pptx, 이미지 파일(1살, 3살, 5살, 7살, 9살)   · 완성파일 : 성장 흐름표(완성).pptx

· SmartArt 그래픽 종류 : [프로세스형]-[연속 블록 프로세스형]
· 색 변경 : [색상형]-[색상형 – 강조색]
· SmartArt 스타일 : [3차원]-[광택 처리]
· 글꼴 색 : '검정, 텍스트 1'

08

칠교놀이 대회

칠교놀이는 큰 정사각형을 직각 이등변 삼각형과 정사각형, 평행 사변형의 7개의 조각으로 나눠서 여러 가지 형태를 만드는 놀이에요. 먼저 7개의 칠교 조각들을 만든 후에 하트, 여우, 물음표 모양을 하나씩 만들어 볼까요?

실습파일 : 칠교놀이.pptx   완성파일 : 칠교놀이(완성).pptx

미리보기

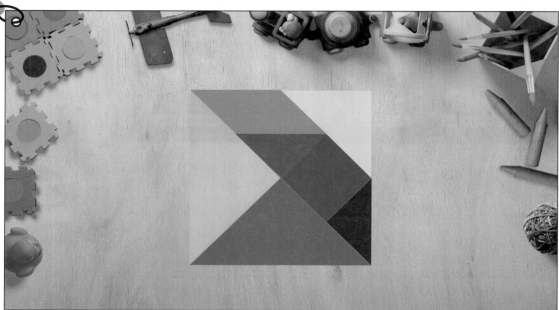

놀이 방법

❶ 슬라이드 1에 [기본 도형] 범주의 이등변 삼각형, 다이아몬드, 평행 사변형 도형을 삽입해요.

❷ 이등변 삼각형은 4개 더 복제해요.

❸ 각 도형의 채우기 색을 변경하고 윤곽선을 없애요.

❹ 도형의 크기를 조절하고 회전시켜서 칠교판에 딱 맞도록 배치해요.

❺ 슬라이드 2~4의 하트, 여우, 물음표 모양에 칠교 조각들을 배치하여 완성해요.

1 칠교놀이 조각 만들기

01 파워포인트 2016 프로그램을 실행하여 [08차시]의 **'칠교놀이.pptx'** 파일을 열고 **1번 슬라이드**를 선택해요.

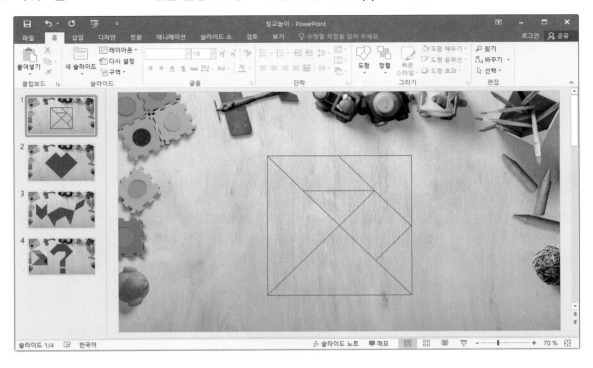

02 삼각형을 그리기 위해 **[삽입] 탭-[일러스트레이션] 그룹-[도형]-[기본 도형]-[이등변 삼각형(△)]**을 클릭하고 드래그해요.

03 도형 채우기 색을 **'주황'**으로 변경하고 도형 윤곽선을 없애요.

04 회전 핸들(⟳)을 Shift를 누른 채 드래그하여 회전시킨 후 크기와 위치를 조정해요.

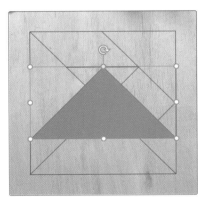
▲ 도형 삽입

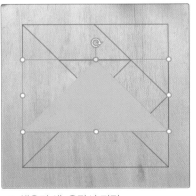
▲ 채우기 색, 윤곽선 지정

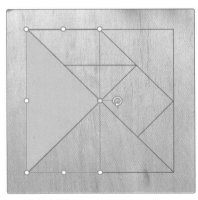
▲ 도형 회전

💡 도형 채우기 색은 여러분이 원하는 색으로 지정해도 돼요. 단, 다른 도형과 색이 겹치지 않아야 해요.

05 같은 방법으로 다음과 같이 이등변 삼각형, 다이아몬드, 평행 사변형 도형을 삽입해요.

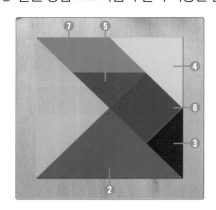

구분	도형	도형 채우기	도형 윤곽선
❷	[기본 도형]-[이등변 삼각형]	파랑	
❸	[기본 도형]-[이등변 삼각형]	진한 파랑	
❹	[기본 도형]-[이등변 삼각형]	노랑	없음
❺	[기본 도형]-[이등변 삼각형]	빨강	
❻	[기본 도형]-[다이아몬드]	자주	
❼	[기본 도형]-[평행 사변형]	녹색	

LEVEL UP 평행 사변형 도형 그리기

❶ [기본 도형]-[평행 사변형]을 클릭하고 드래그하여 평행 사변형 도형을 그려요.

❷ 노란색 조절점을 오른쪽으로 드래그하여 더 뾰족하게 만들어요.

❸ [그리기 도구-서식] 탭-[정렬] 그룹-[회전]-[좌우 대칭]을 클릭해요.

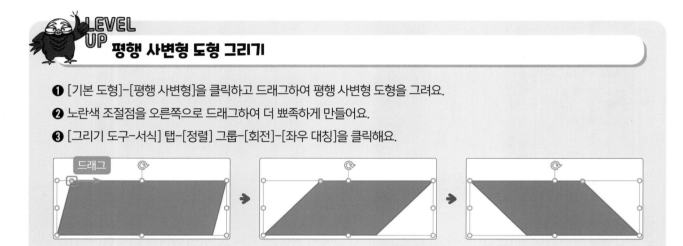

2 칠교놀이 활동

01 1번 슬라이드의 조각들을 모두 선택하고 Ctrl+C를 눌러 복사한 후 2번 슬라이드에 Ctrl+V를 눌러 붙여 넣은 후 하트 모양을 만들어 보세요.

02 다시 1번 슬라이드의 조각들을 모두 선택하고 Ctrl + C 를 눌러 복사한 후 3번 슬라이드에 Ctrl + V 를 눌러 붙여 넣은 다음 여우 모양을 만들어 보세요.

03 이번엔 4번 슬라이드에 있는 조각들을 이용하여 물음표 모양을 만들어 보세요.

💡 물음표 모양에 들어가는 조각들의 크기가 작아서 작은 크기의 조각들이 들어가 있어요.

09 표 삽입으로 시간표 만들기

학습목표

- 표를 삽입할 수 있습니다.
- 표 스타일을 지정할 수 있습니다.
- 표에 내용을 입력하고 셀을 병합할 수 있습니다.

	3
	1
	2

표 삽입 자료들이 정리되지 않고 뒤죽박죽 섞여 있으면 정신이 없겠죠? 자료를 표로 정리하면 깔끔하게 정리돼요.
파워포인트에서는 원하는 크기의 표를 삽입하고 다양한 표 스타일을 지정할 수 있어요.

실습파일 : 시간표.pptx   완성파일 : 시간표(완성).pptx

미리보기

시간표

	월	화	수	목	금
1	국어	즐생	국어	국어	국어
2	수학	국어		수학	안전
3	슬생		수학	슬생	바생
4	즐생	수학	즐생		즐생
5		바생		즐생	창체
방과후	영어	컴퓨터	영어	컴퓨터	영어

1 표 삽입하기

01 파워포인트 2016 프로그램을 실행하여 [09차시]의 **'시간표.pptx'** 파일을 열어요.

02 표를 삽입하기 위해 **[삽입] 탭-[표] 그룹-[표]**를 클릭한 후 마우스 커서를 움직여 표의 크기를 **'6×7'**로 지정하고 클릭해요.

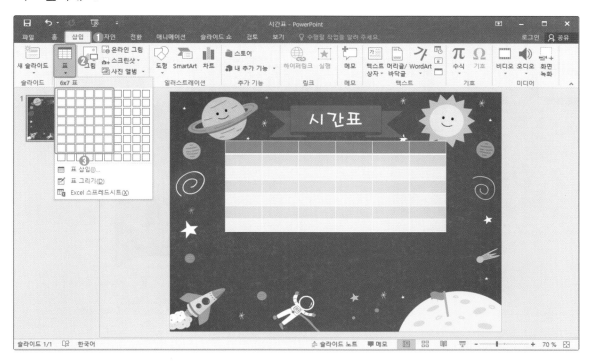

03 표의 아래쪽 가운데 크기 조정 핸들을 아래로 드래그하여 세로 크기를 크게 해요.

04 표의 테두리에 마우스 커서를 위치시켜 커서가 십자(✣) 모양으로 바뀌면 아래로 드래그하여 위치를 살짝 아래로 내려요.

❷ 표 스타일 지정하기

01 표 스타일을 지정하기 하기 위해 **[표 도구-디자인] 탭-[표 스타일] 그룹**에서 표 스타일을 클릭해요.

- ❷ 보통 스타일 2 – 강조 5

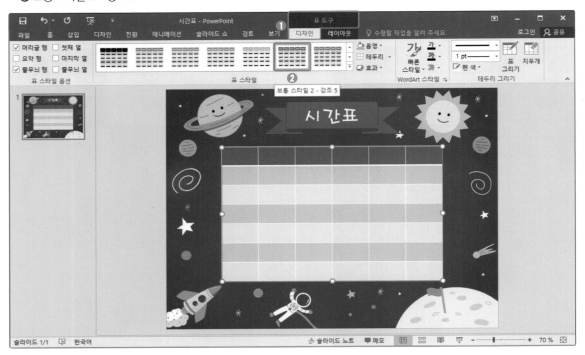

02 시간(교시)이 들어가는 첫 번째 열을 진하게 표시하기 위해 **[표 도구-디자인] 탭-[표 스타일 옵션] 그룹-[첫째 열]**을 선택해요.

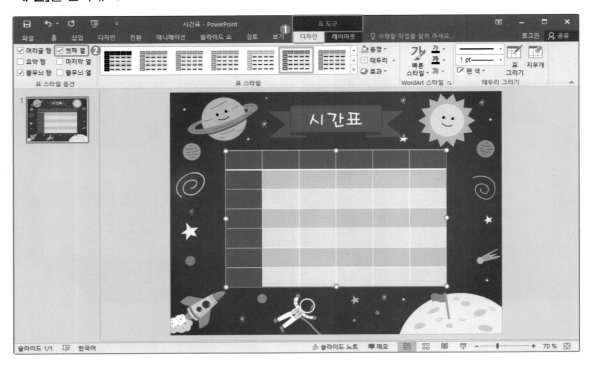

03 첫 번째 줄, 첫 번째 칸을 클릭하여 커서를 놓고 대각선을 삽입하기 위해 [표 도구-디자인] 탭-[테두리 그리기]
그룹-[펜 색]-[흰색, 배경 1]을 선택한 후 [표 스타일] 그룹-[테두리]-[하향 대각선 테두리]를 클릭해요.

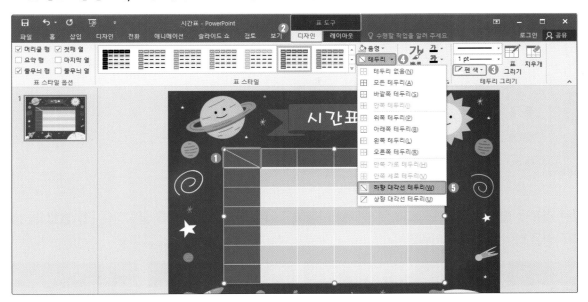

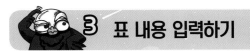

❸ 표 내용 입력하기

01 표 테두리를 클릭하여 표 전체를 선택한 후 [홈] 탭-[글꼴] 그룹에서 글꼴과 글꼴 크기를 지정하고 [단락] 그
룹에서 맞춤과 텍스트 맞춤을 지정해요.
 · ❸ 글꼴(HY엽서M) ❹ 글꼴 크기(20pt) ❺ 가운데 맞춤(▤) ❼ 중간

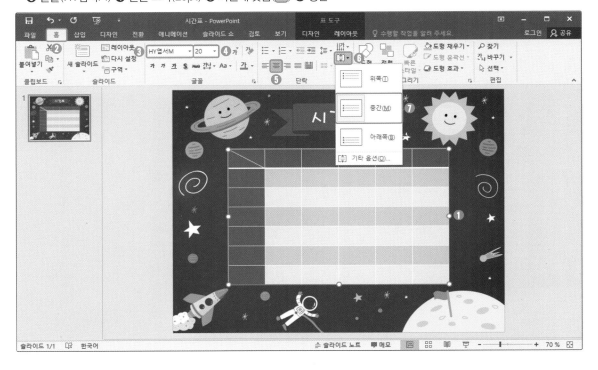

02 첫 번째 줄, 두 번째 칸을 클릭하여 **"월"**을 입력하고 [Tab]을 누르면서 다음과 같이 시간표 내용을 입력해요.

	월	화	수	목	금
1	국어	즐생	국어	국어	국어
2	수학	국어	국어	수학	안전
3	슬생	국어	수학	슬생	바생
4	즐생	수학	즐생	슬생	즐생
5	즐생	바생		즐생	창체
방과후	영어	컴퓨터	영어	컴퓨터	영어

03 똑같은 과목을 합치기 위해 드래그하여 범위를 지정하고 마우스 오른쪽 버튼을 클릭하여 **[셀 병합]**을 클릭한 후 과목명을 하나만 남기고 지워요.

❶ 드래그 ❷ 마우스 오른쪽 버튼 클릭 ❸ 셀 병합(M)

04 같은 방법으로 나머지 똑같은 과목들도 셀 병합하면 완성돼요.

	월	화	수	목	금
1	국어	즐생	국어	국어	국어
2	수학	국어	국어	수학	안전
3	슬생	국어	수학	슬생	바생
4	즐생	수학	즐생	슬생	즐생
5	즐생	바생	즐생	즐생	창체
방과후	영어	컴퓨터	영어	컴퓨터	영어

혼자서 뚝딱뚝딱

1 실습파일을 열어 작성 조건대로 만들어 보세요.

· 실습파일 : 여행지.pptx   · 완성파일 : 여행지(완성).pptx

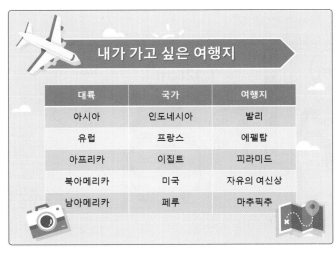

내가 가고 싶은 여행지

대륙	국가	여행지
아시아	인도네시아	발리
유럽	프랑스	에펠탑
아프리카	이집트	피라미드
북아메리카	미국	자유의 여신상
남아메리카	페루	마추픽추

작성 조건

· 제목 도형
  – 도형 : [블록 화살표]–[오각형]
  – 도형 채우기 : '다른 채우기 색' 클릭 후
    　　　　　　　 빨강(226), 녹색(82), 파랑(108)
  – 도형 윤곽선 : 색(흰색, 배경 1), 두께(3pt)
  – 텍스트 : 맑은 고딕, 32pt, 굵게, 텍스트 그림자
· 표
  – 표 스타일 : '보통 스타일 2 – 강조 6'
  – 글꼴 크기 : 20pt
· 이미지
  – 슬라이드 바깥에 있는 이미지들을 드래그하여
    그림과 같이 배치

수학 2-2 ▷ 표와 그래프

2 실습파일을 열어 슬라이드 1에서 좋아하는 간식별로 학생 수를 세어 슬라이드 2에 작성 조건대로 표와 그래프로 나타내 보세요.

· 실습파일 : 인기 간식.pptx   · 완성파일 : 인기 간식(완성).pptx

우리반 친구들이 좋아하는 간식별 학생 수

간식	와플	떡볶이	호떡	붕어빵	합계
학생 수(명)	3	6	1	2	12

학생 수(명) \ 간식	와플	떡볶이	호떡	붕어빵
6		○		
5		○		
4		○		
3	○	○		
2	○	○		○
1	○	○	○	○

작성 조건

· 표 스타일 : 보통 스타일 2 – 강조 2
· 표의 표 스타일 옵션 : 머리글 행, 줄무늬 행, 첫째 열 체크
· 그래프의 표 스타일 옵션 : 요약 행, 줄무늬 행, 첫째 열 체크
· '○' 입력 : "ㅁ"을 입력하고 [한자]를 누른 후 선택하여 입력
· "학생 수(명)"은 왼쪽 맞춤, "간식"은 오른쪽 맞춤

10 차트로 식물관찰일지 만들기

학습목표

- 차트를 삽입할 수 있습니다.
- 차트의 각종 서식을 지정할 수 있습니다.
- 막대 그래프의 막대를 그림으로 채울 수 있습니다.

✿ 차트 차트(chart)는 표의 내용을 그림으로 나타낸 것으로, 그래프(graph)라고도 해요.
표의 자료를 차트로 나타내면 한눈에 알아보기 편리해요.

실습파일 : 식물관찰일지.pptx, 1주~6주.png   완성파일 : 식물관찰일지(완성).pptx

미리보기

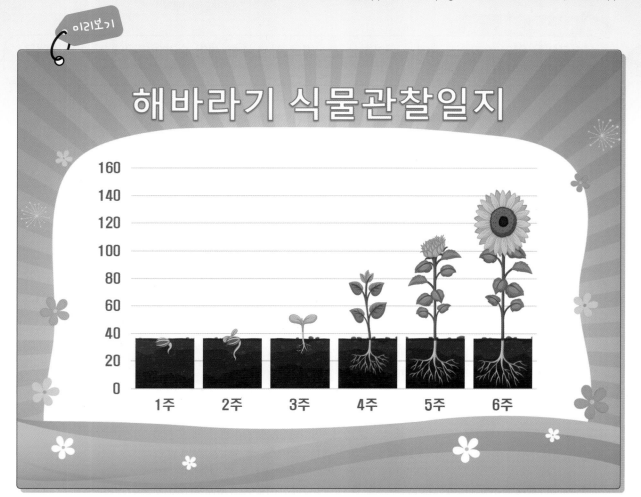

1 차트 삽입하기

01 파워포인트 2016 프로그램을 실행하여 [10차시]의 '식물관찰일지.pptx' 파일을 열어요.

02 차트를 삽입하기 위해 [삽입] 탭-[일러스트레이션] 그룹-[차트]를 클릭한 후 [차트 삽입] 대화상자에서 [세로 막대형]-[묶은 세로 막대형]을 선택하고 [확인]을 클릭해요.

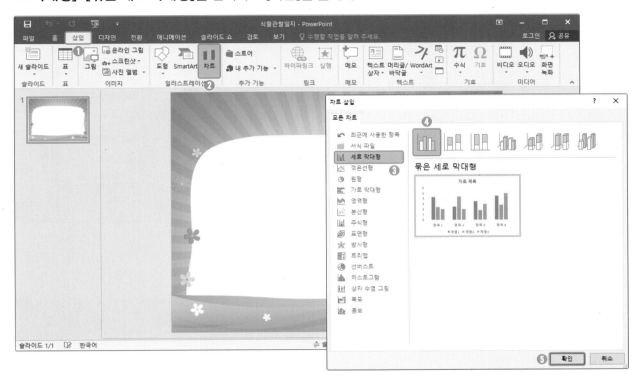

03 엑셀 창이 나타나면 다음과 같이 데이터를 입력해요.

1주	38
2주	45
3주	55
4주	88
5주	113
6주	145

🌱 엑셀 창 오른쪽 아래 모서리를 드래그 하여 크기를 조정하면 자료를 편리하게 입력할 수 있어요.

04 C열과 D열 머리글을 마우스로 드래그하여 선택한 후 마우스 오른쪽 버튼을 클릭하여 [삭제]를 클릭해요.

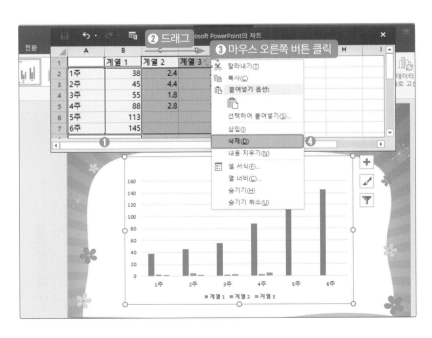

05 기본 차트가 만들어지면 엑셀 창의 [닫기(❌)] 버튼을 클릭한 후 [차트 도구-디자인] 탭-[차트 레이아웃] 그룹-[차트 요소 추가]에서 차트 제목과 범례를 '없음'으로 설정해요.

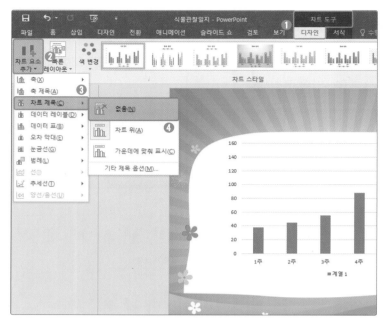

② 차트 서식 지정하기

01 차트의 글꼴 서식을 지정하기 위해 [홈] 탭-[글꼴] 그룹에서 글꼴과 글꼴 크기를 지정해요.
  - ❷ 글꼴(HY헤드라인M) ❸ 글꼴 크기(16pt)

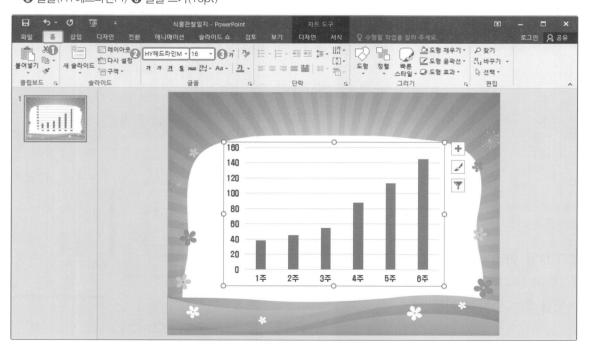

💡 차트가 선택된 상태에서 지정해요.

02 막대의 너비를 넓게 하기 위해 막
대를 마우스 오른쪽 버튼으로 클릭
하여 [데이터 계열 서식]을 클릭
해요.

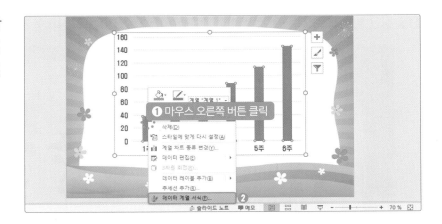

03 [데이터 계열 서식] 작업창이 나
타나면 [계열 옵션]의 [간격 너비]
를 '15%'로 지정하여 막대의 너비
를 넓게 만들어요.

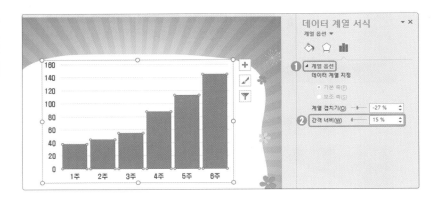

③ 막대를 그림으로 채우기

01 막대를 그림으로 채우기 위해 1주의 막대를 천천히 두 번 클릭하여 선택하고 [데이터 요소 서식] 작업창의 [채
우기 및 선]-[채우기]-[그림 또는 질감 채우기]를 선택하여 [파일] 버튼을 클릭해요.

02 [그림 삽입] 대화상자에서 10차시의 '1주.png' 파일을 선택하고 [삽입]을 클릭하면 1주의 막대가 지정한 그
림으로 채워져요.

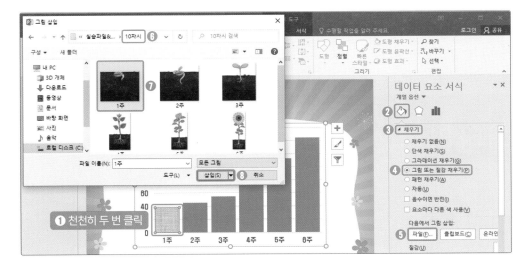

03 같은 방법으로 2주~6주 막대를 '**2주.png**'~'**6주.png**' 그림으로 채워요.

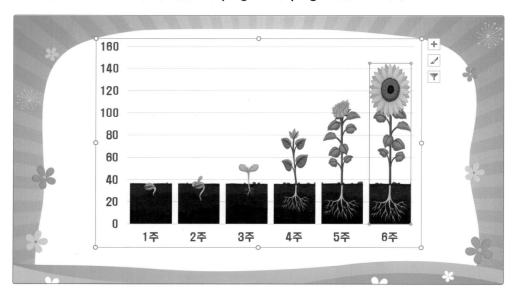

04 차트의 크기 조정 핸들을 드래그하여 크기를 키우고 아래로 살짝 내려요.

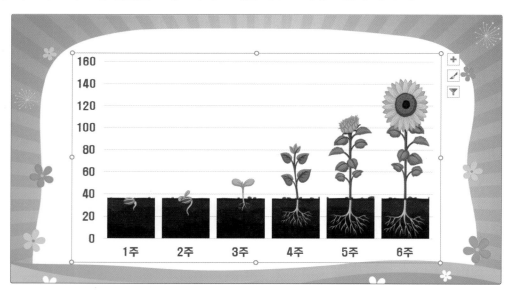

05 **워드아트**를 삽입하여 슬라이드 제목을 만들면 차트가 완성돼요.

• 워드아트 스타일 : A(채우기 – 흰색, 윤곽선 – 강조 1, 그림자)
• 글꼴(맑은 고딕), 글꼴 크기(44pt)

혼자서 뚝딱뚝딱

1 실습파일을 열어 작성 조건대로 3차원 원형 차트를 만들고 이미지를 배치시켜 보세요.

· 실습파일 : 인기간식 원그래프.pptx   · 완성파일 : 인기간식 원그래프(완성).pptx

작성조건

· 차트 종류 : [원형]-[3차원 원형]
· 차트 데이터

떡볶이	6
와플	3
붕어빵	2
호떡	1

· 차트 스타일 : 스타일 9
· 차트 제목 : 40pt

📖 **수학 4-2** ▸ 꺾은선그래프

2 실습파일을 열어 작성 조건대로 표식이 있는 꺾은선형 차트를 만들어 보세요.

· 실습파일 : 기온 변화.pptx   · 완성파일 : 기온 변화(완성).pptx

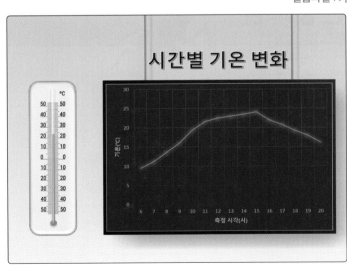

작성조건

· 차트 종류 : [꺾은선형]-[표식이 있는 꺾은선형]
· 차트 데이터

6	9.5	11	21.5	16	21.9
7	11.2	12	22.4	17	20.7
8	13.6	13	22.9	18	19.2
9	16	14	23.4	19	17.9
10	19.3	15	24	20	16.1

· 차트 요소 추가
  – [축 제목]-[기본 가로] : "측정 시각(시)"
  – [축 제목]-[기본 세로] : "기온(℃)"
  – [차트 제목] : 없음
  – [범례] : 없음
· 차트 스타일 : 스타일 9

💡 '℃'는 "ㄹ" 입력 후 [한자]를 눌러 입력해요.

11

그림 삽입으로 곤충 도감 만들기

- PC에 저장된 그림을 삽입하여 선명하게 수정할 수 있습니다.
- 온라인 그림을 삽입하여 크기를 조정하고 불필요한 영역을 자를 수 있습니다.
- 웹 사이트에서 원하는 이미지를 검색한 후 복사하여 붙여 넣을 수 있습니다.

★ 그림 삽입 | 파워포인트 2016에서는 컴퓨터에 저장된 그림뿐만 아니라 인터넷의 그림이나 화면 캡처된 그림까지 삽입할 수 있어요.

실습파일 : 곤충도감.pptx, 반딧불이.jpg　　완성파일 : 곤충도감(완성).pptx

미리보기

곤충도감

마린초등학교
2학년 3반
조 영 서

반딧불이
- 짝을 찾기 위해 꽁무니에서 반짝반짝 빛을 냄
- 개똥벌레라고도 함
- 깨끗한 환경에서만 살 수 있기 때문에 도시에서는 보기 어려움

무당벌레
- 몸길이가 7~8mm인 딱정벌레
- 성충과 애벌레가 진딧물을 잡아먹는 이로운 곤충
- 천적이 나타나면 냄새나는 노란색 액체를 내뿜어 쫓아냄

잠자리
- 몸길이가 20~150mm로 크기가 다양함
- 앞머리에 커다란 한 쌍의 겹눈을 가지고 있어 날면서도 주위를 두루 볼 수 있음

귀뚜라미
- 몸길이가 3~40mm로 크기가 다양함
- 수컷이 앞날개를 비벼서 다양한 소리를 냄
- 특히 쌍별귀뚜라미는 식용곤충으로 주목을 받고 있음

1 삽입된 그림 효과 주기

01 파워포인트 2016 프로그램을 실행하여 [11차시]의 '**곤충도감.pptx**' 파일을 열고 **1번 슬라이드**의 부제목에 여러분의 학교와 학년, 반, 이름을 입력해요.

02 그림에 반사 효과를 주기 위해 나비 그림을 선택하고 **[그림 도구-서식] 탭-[그림 스타일] 그룹-[그림 효과]-[반사]-[근접 반사, 터치]**를 클릭해요.

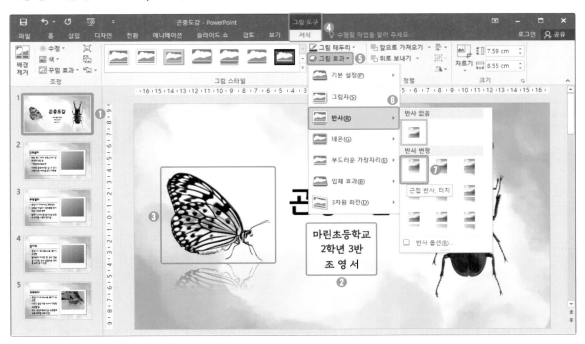

03 그림을 회전시키기 위해 넓적사슴벌레 그림을 선택하고 도형의 회전 핸들(🔄)을 Shift 를 누른 채 드래그하여 왼쪽으로 **30도** 회전시켜요.

💡 Shift 를 누른 채 개체를 회전시키면 15도씩 회전되므로 2번 회전시키면 30도 회전돼요.

2 PC에 저장된 그림 삽입하여 수정하기

01 **2번 슬라이드**를 선택하고 반딧불이 그림을 삽입하기 위해 **[삽입] 탭-[이미지] 그룹-[그림]**을 클릭하여 **[그림 삽입]** 대화상자에서 [11차시] 폴더의 **'반딧불이.jpg'**를 선택한 후 [삽입]을 클릭해요.

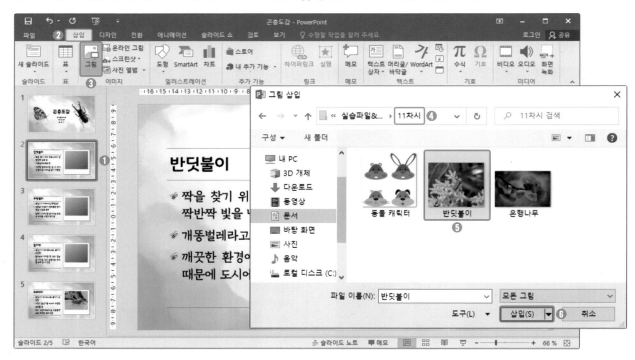

02 삽입된 그림을 드래그하여 회색 배경 위로 위치를 이동한 후 그림을 선명하게 하기 위해 **[그림 도구-서식] 탭-[조정] 그룹-[수정]-[선명도 조절]-[선명하게: 50%]**를 클릭해요.

64

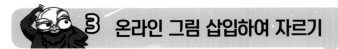

③ 온라인 그림 삽입하여 자르기

01 **3번 슬라이드**를 선택하고 인터넷에서 그림을 가져오기 위해 **[삽입] 탭-[이미지] 그룹-[온라인 그림]**을 클릭해요.

02 **[그림 삽입]** 대화상자의 Bing 이미지 검색에서 **"무당벌레"**를 검색하고 그림을 선택한 후 [삽입]을 클릭해요.

💡 똑같은 그림이 없다면 비슷한 그림을 선택해요.

03 그림이 삽입되면 크기 조정 핸들을 드래그하여 크기를 조정해요.

04 그림의 불필요한 영역을 자르기 위해 **[그림 도구-서식] 탭-[크기] 그룹-[자르기]**를 클릭하여 검은색 자르기 핸들을 회색 네모 크기에 맞춰 드래그한 후 [Esc]를 눌러요.

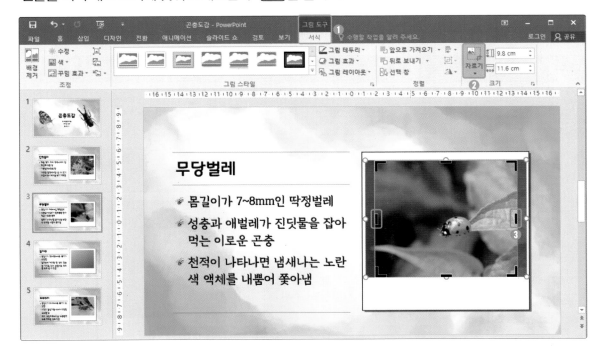

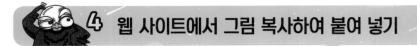 **웹 사이트에서 그림 복사하여 붙여 넣기**

01 크롬이나 마이크로소프트 엣지 등의 웹 브라우저를 실행한 후 주소 **"pixabay.com"**를 입력하여 접속해요.

02 검색 상자에 **"잠자리"**를 검색하여 원하는 이미지를 마우스 오른쪽 버튼으로 클릭하여 **[이미지 복사]**를 클릭해요.

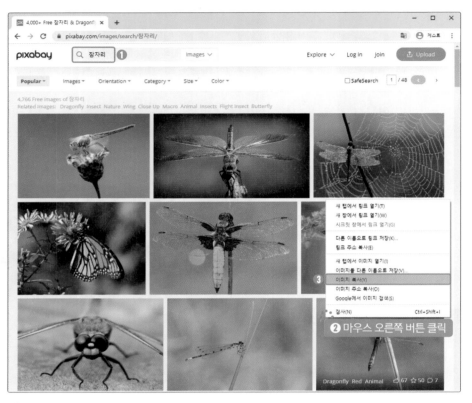

💡 웹 브라우저의 종류에 따라 이미지를 복사하는 메뉴의 이름이 [복사] 등과 같이 다를 수 있어요.

03 **4번 슬라이드**를 선택하여 Ctrl + V 를 눌러 붙여 넣은 후 크기 조정 핸들을 드래그하여 크기를 조정하면 곤충 도감이 완성돼요.

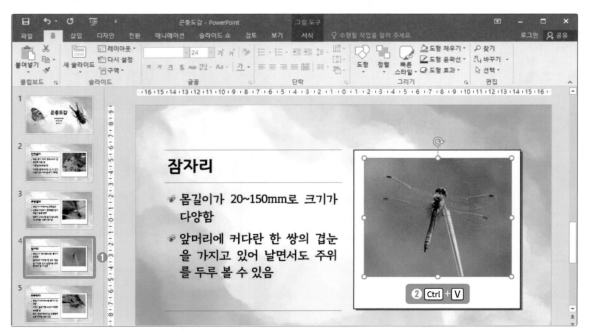

66

혼자서 뚝딱뚝딱

1 실습파일을 열어 '동물 캐릭터.png'를 삽입한 후 자르기 기능으로 그림을 잘라 다음과 같이 만들어 보세요.

· 실습파일 : 동물친구.pptx, 동물 캐릭터.png　　· 완성파일 : 동물친구(완성).pptx

 dog

 rabbit

 squirrel

 cat

과학 4-2 ▷ 식물의 생활

2 실습파일을 열어 식물 이름을 입력하고 작성 조건대로 식물 사진을 삽입해 보세요.

· 실습파일 : 주변식물.pptx, 은행나무.jpg　　· 완성파일 : 주변식물(완성).pptx

 작성조건

· 은행나무 : [삽입] 탭-[이미지] 그룹-[그림] 클릭하여 '은행나무.jpg' 삽입
· 해바라기 : [삽입] 탭-[이미지] 그룹-[온라인 그림] 클릭하여 "해바라기" 검색하여 이미지 삽입
· 닭의장풀 : 웹 브라우저에서 "pixabay.com" 접속 후 "닭의장풀" 검색하여 이미지 복사하고 붙여넣기

12

학습목표

그림 편집으로 러시아 인형 만들기

- 그림의 배경을 제거하고 자르기하여 그룹화할 수 있습니다.
- 그림을 복제하고 크기를 작게 하여 색을 변경할 수 있습니다.
- 그림을 정렬하고 순서를 변경할 수 있습니다.

원본...

오호~

으흐흐...

ㅠㅠ...

✿ 그림 편집
파워포인트 2016에서는 다양한 그림 편집 기능을 제공해요.
포토샵과 같은 전문적인 프로그램이 없어도 배경 제거, 선명도 조절, 밝기/대비, 다시 칠하기, 꾸밈 효과 등의 작업이 가능해요.

실습파일 : 러시아 인형.pptx, 마트료시카.jpg　　　완성파일 : 러시아 인형(완성).pptx

- '마트료시카'는 나무로 만든 러시아의 인형이에요.
- 큰 인형 안에서 작은 인형이 나오고 또 그 안에서 더 작은 인형이 나오는 신기한 인형이에요.
- 보통 5개 이상의 인형으로 만들어지는 경우가 많아요.

1 그림 삽입하여 배경 제거하기

01 파워포인트 2016 프로그램을 실행하여 [12차시]의 **'러시아 인형.pptx'** 파일을 열어요.

02 **[삽입] 탭-[이미지] 그룹-[그림]**을 클릭하여 **[그림 삽입]** 대화상자에서 [12차시] 폴더의 **'마트료시카.jpg'**
를 선택한 후 [삽입]을 클릭해요.

03 그림의 배경을 투명하게 하기 위해 **[그림 도구-서식] 탭-[조정] 그룹-[배경 제거]**를 클릭한 후 인형 그림이
모두 보이도록 조정 핸들을 바깥쪽으로 드래그해요.

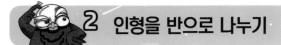

2 인형을 반으로 나누기

01 그림의 불필요한 영역을 자르기 위해 **[그림 도구-서식] 탭-[크기] 그룹-[자르기]**를 클릭한 후 검은색 자르기 핸들을 인형 크기에 맞춰 드래그해요.

02 (Esc)를 눌러 자르기를 완료하고 (Ctrl)+(Shift)를 누른 채 오른쪽으로 드래그하여 복제해요.

03 왼쪽 그림이 선택된 상태에서 **[자르기]**를 클릭하여 아래쪽 가운데 검은색 자르기 핸들을 위로 드래그해요.

04 같은 방법으로 오른쪽 그림을 **[자르기]**하여 아래쪽 부분만 보이게 해요.

05 오른쪽 그림을 왼쪽으로 드래그하여 하나처럼 보이게 한 후 (Shift)를 누른 채 위쪽 그림을 선택하여 마우스 오른쪽 버튼을 눌러 **[그룹화]-[그룹]**을 클릭해요.

💡 (Ctrl)+(G)를 눌러도 그룹화할 수 있어요.

③ 인형을 복제하여 작게 만들고 색 변경하기

01 인형을 Ctrl + Shift 를 누른 채 오른쪽으로 드래그하여 복제한 후 크기를 작게 만들어요.

02 같은 방법으로 점점 작아지는 인형을 **3개** 더 만들어요.

03 두 번째 그림의 색을 바꾸기 위해 그림을 선택하고 **[그림 도구-서식] 탭-[조정] 그룹-[색]-[파랑, 어두운 강조색 1]**을 클릭해요.

04 같은 방법으로 3~5번째 그림의 색도 다음과 같이 변경해요.

- 3번째 그림 : '주황, 어두운 강조색 2'
- 4번째 그림 : '황금색, 어두운 강조색 4'
- 5번째 그림 : '녹색, 어두운 강조색 6'

④ 인형을 조립하여 가지고 놀기

01 인형을 모두 선택한 후 [그림 도구-서식] 탭-[정렬] 그룹-[맞춤]-[가운데 맞춤]을 클릭해요.

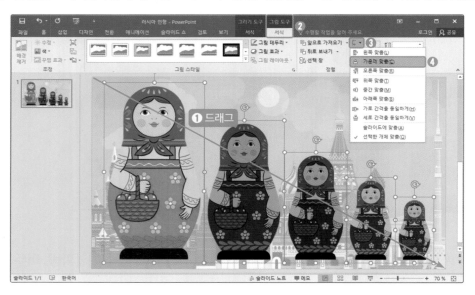 

02 Esc를 눌러 선택을 해제하고 두 번째 그림을 마우스 오른쪽 버튼으로 클릭하여 **[맨 뒤로 보내기]-[맨 뒤로 보내기]**를 클릭한 후 같은 방법으로 3~5번째 그림도 순서대로 맨 뒤로 보내요.

03 그림을 마우스 오른쪽 버튼으로 클릭하여 **[그룹화]-[그룹 해제]**를 클릭하여 인형을 하나씩 옮겨 보세요.

혼자서 뚝딱뚝딱

1 파워포인트 2016을 실행하고 만원 이미지와 내얼굴 이미지를 삽입하여 나만의 지폐를 만들어 보세요.

· 실습파일 : 이미지 파일(만원, 내얼굴)   · 완성파일 : 나만의 지폐.pptx

 · 내얼굴.jpg
  – [색]–[다시 칠하기]–[녹색, 어두운 강조색 6]
  – 좌우 대칭
  – 시계 방향으로 약간 회전
  – 맨 뒤로 보내기

겨울 1-2 ▶ 맛나고 정겨운 우리 음식

2 실습파일을 열어 음식 이미지들을 삽입한 후 배경을 제거하여 다음과 같이 만들어 보세요.

· 실습파일 : 전통 음식.pptx, 이미지 파일(김치, 냉면, 비빔밥, 삼계탕, 잡채)   · 완성파일 : 전통 음식(완성).pptx

13

사진 앨범으로 가족 여행 앨범 만들기

학습목표

- 사진 앨범에 들어갈 사진을 선택하고 순서를 변경할 수 있습니다.
- 사진 앨범의 그림 레이아웃과 프레임 모양을 지정할 수 있습니다.
- 사진 앨범에 배경 음악을 삽입할 수 있습니다.

✿ **사진 앨범**   아름다운 추억이 담긴 사진 앨범은 오래되면 닳거나 잃어버릴 수도 있어요.
파워포인트의 사진 앨범 기능은 사진을 지정하고 디자인만 선택하면 사진 앨범을 쉽고 빠르게 만들 수 있게 해줘요.

실습파일 : [해수욕장] 폴더의 사진 5장, 배경음악.mp3   완성파일 : 가족 여행 앨범.pptx

미리보기

해수욕장으로 떠난
가족 여행 앨범

강원도 고성군 송지호 해수욕장

바닥이 보일 정도로 맑은 바닷물

백사장에서 신나게 놀기

아빠와 친한 척 하기

자연을 생각하는 엄마와 누나

노을을 바라보며 다함께 점프!!

1 사진 앨범 만들기

01 [시작(⊞)]-[PowerPoint 2016]를 클릭하여 파워포인트 2016 프로그램을 실행한 후 [새 프레젠테이션]을 클릭해요.

02 사진 앨범을 만들기 위해 [삽입] 탭-[이미지] 그룹-[사진 앨범]을 클릭하여 [사진 앨범] 대화상자가 나타나면 '그림 삽입'의 [파일/디스크]를 클릭해요.

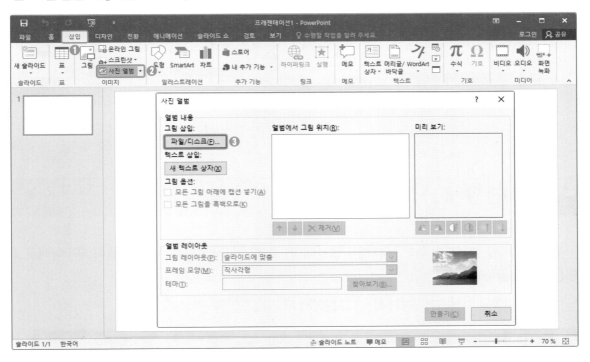

03 [새 그림 삽입] 대화상자에서 [13차시]-[해수욕장] 폴더의 모든 이미지를 드래그하여 선택하고 [삽입]을 클릭해요.

04 [사진 앨범] 대화상자에서 '앨범에서 그림 위치'의 '3 신나는 놀이' 그림을 선택하고 위로(↑) 버튼을 클릭하여 두 번째 위치로 변경해요.

05 '앨범 레이아웃'의 '그림 레이아웃'을 **'제목을 가진 그림 1개'**로 선택해요.

06 '프레임 모양'을 **'단순형 프레임, 흰색'**으로 선택한 후 [만들기]를 클릭해요.

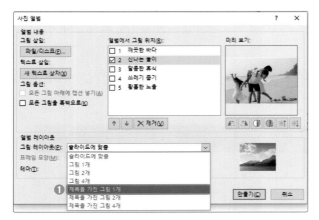 

 ② 사진 앨범에 테마 설정하기

01 사진 앨범에 테마를 설정하기 위해 **[디자인] 탭-[테마] 그룹**의 [자세히(⎯)] 버튼을 클릭하여 아래로 스크롤한 후 **[비누]**를 클릭해요.

02 [비누] 테마의 모양을 지정하기 위해 **[적용] 그룹**에서 두 번째 모양을 선택해요.

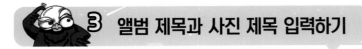

③ 앨범 제목과 사진 제목 입력하기

01 **1번 슬라이드**의 제목 개체 틀을 클릭하여 "**해수욕장으로 떠난 가족 여행 앨범**"을 입력한 후 [**홈**] 탭-[**글꼴**] 그룹에서 글꼴을 '**경기천년제목 Medium**'으로 지정해요.

02 부제목 개체 틀을 클릭하여 "**강원도 고성군 송지호 해수욕장**"을 입력한 후 [**홈**] 탭-[**글꼴**] 그룹에서 글꼴을 '**경기천년제목 Light**', 글꼴 크기를 '**24pt**'로 지정해요.

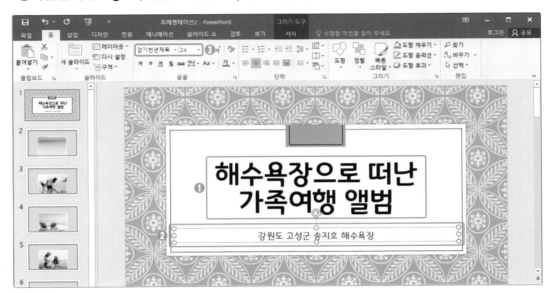

03 **2~5번 슬라이드**의 제목을 각각 입력하고 [**홈**] 탭-[**글꼴**] 그룹에서 글꼴을 '**경기천년제목 Medium**', [**단락**] 그룹에서 '**가운데 맞춤**'을 지정해요.

- 2번 슬라이드(바닥이 보일 정도로 맑은 바닷물)
- 3번 슬라이드(백사장에서 신나게 놀기)
- 4번 슬라이드(아빠와 친한 척 하기)
- 5번 슬라이드(자연을 생각하는 엄마와 누나)
- 6번 슬라이드(노을을 바라보며 다함께 점프!!)

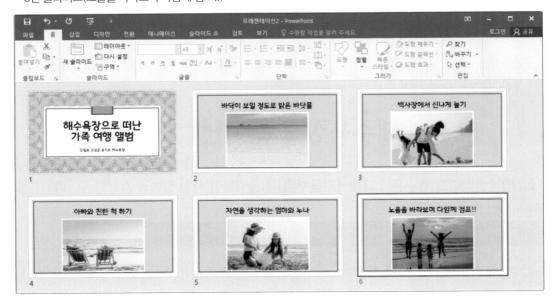

😎 ④ 신나는 배경 음악 삽입하기

01 오디오를 삽입하기 위해 **1번 슬라이드**를 선택하고 [삽입] 탭-[미디어] 그룹-[오디오]-[내 PC의 오디오]를 클릭해요.

02 [오디오 삽입] 대화상자에서 [13차시] 폴더의 '**배경음악.mp3**'를 선택하고 [삽입]을 클릭해요.

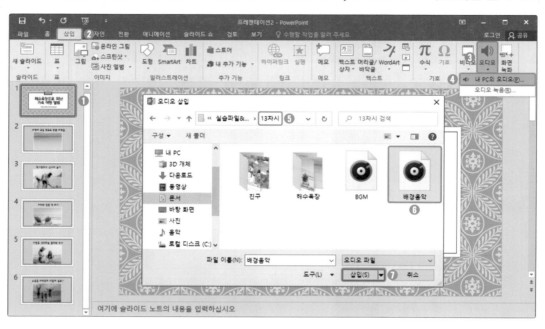

03 오디오 아이콘을 드래그하여 위치를 조정해요.

04 오디오가 자동으로 실행되고 모든 슬라이드에서 실행되도록 하기 위해 [오디오 도구-재생] 탭-[오디오 옵션] 그룹에서 다음과 같이 설정해요.

- ❸ 시작(자동 실행) ❹ '모든 슬라이드에서 실행' 체크

05 [슬라이드 쇼] 탭-[슬라이드 쇼 시작] 그룹-[처음부터]를 클릭하여 사진 앨범을 감상한 후 [파일] 탭-[저장]을 클릭하여 사진 앨범을 저장해 보세요.

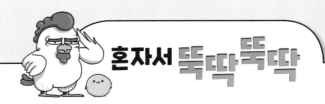
1 새 프레젠테이션을 열어 작성 조건대로 사진 앨범을 만든 후 '베프 앨범.pptx'로 저장해 보세요.

· 실습파일 : [친구] 폴더의 그림 8장 · 완성파일 : 베프 앨범.pptx

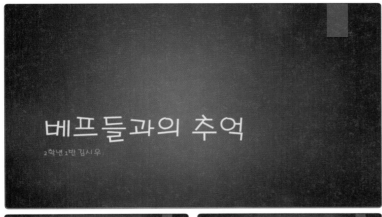

작성조건

· **사진 앨범 설정**
  – 그림 레이아웃 : 그림 4개
  – 프레임 모양 : 사각형 가운데 그림자
· **테마 지정**
  – 테마 : 이온
  – 적용 : 글꼴(Corbel)

힌트

[적용] 그룹의 자세히 버튼을 클릭하여
[글꼴]-[Corbel]을 지정하면 돼요.

2 **1**에 이어서 작성 조건대로 오디오를 삽입한 후 '베프 앨범(음악).pptx'로 저장해 보세요.

· 실습파일 : 베프 앨범.pptx, BGM.mp3 · 완성파일 : 베프 앨범(음악).pptx

작성조건
· **오디오 삽입**
  – [삽입] 탭-[미디어] 그룹-[오디오]-[내 PC의 오디오]-[BGM.mp3]
  – [오디오 도구-재생] 탭-[오디오 옵션] 그룹-[시작]-[자동 실행]
  – [오디오 도구-재생] 탭-[오디오 옵션] 그룹-[모든 슬라이드에서 실행] 체크

POWERPOINT
2016

#하이퍼링크 #슬라이드 복제

14 하이퍼링크로 타임머신 만들기

학습목표

- 슬라이드를 복제할 수 있습니다.
- 주어진 조건대로 버튼을 만들 수 있습니다.
- 버튼 도형에 하이퍼링크를 삽입할 수 있습니다.

✦ 하이퍼링크   하이퍼링크는 클릭 한 번만으로 연결된 위치로 순간 이동하는 기능이에요.
문서의 특정한 위치에 현재 문서의 다른 슬라이드나 웹 페이지 등을 연결하여 쉽게 참조하거나 이동할 수 있어요.

실습파일 : 타임머신.pptx, 이미지 파일(조종석,홈,고조선,고구려,백제,신라,고려,조선)   완성파일 : 타임머신(완성).pptx

미리보기

1 조종석을 만들고 슬라이드 복제하기

01 파워포인트 2016 프로그램을 실행하여 [14차시]의 **'타임머신.pptx'** 파일을 열어요.

02 **[삽입]** 탭-**[이미지]** 그룹-**[그림]**을 클릭하여 **[그림 삽입]** 대화상자에서 [14차시] 폴더의 **'조종석.png'**를 선택한 후 [삽입]을 클릭해요.

03 그림의 크기 조정 핸들을 드래그하여 화면에 꽉 차도록 크기를 조정해요.

04 역사 속 장면 6장을 만들기 위해 왼쪽의 축소판 그림 창에서 **1번 슬라이드**를 마우스 오른쪽 버튼으로 클릭한 후 **[슬라이드 복제]** 클릭을 6번 해요.

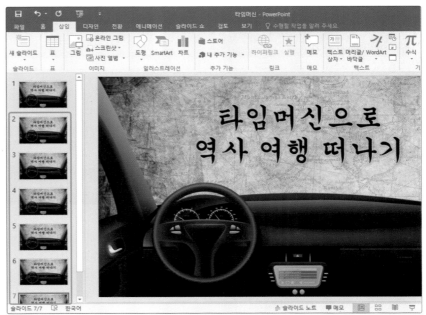

💡 Ctrl + D 를 눌러도 슬라이드가 복제돼요.

2 역사 속 장면 만들기

01 **2번 슬라이드**를 선택하고 **[삽입] 탭-[이미지] 그룹-[그림]**을 클릭하여 **[그림 삽입]** 대화상자에서 **[14차시]** 폴더의 '**고조선.jpg**'를 선택한 후 **[삽입]**을 클릭해요.

02 그림을 슬라이드 왼쪽 위에 위치시키고 크기 조정 핸들을 드래그하여 슬라이드의 오른쪽 끝에 맞춰 크기를 크게 해요. 마우스 오른쪽 버튼을 클릭하여 **[맨 뒤로 보내기]-[맨 뒤로 보내기]**를 클릭해요.

03 같은 방법으로 **3~7번 슬라이드**에 시대순으로 이미지를 삽입하여 크기와 위치를 조정한 후 맨 뒤로 보내요.

- 3번 슬라이드 : 고구려.jpg
- 4번 슬라이드 : 백제.jpg
- 5번 슬라이드 : 신라.jpg
- 6번 슬라이드 : 고려.jpg
- 7번 슬라이드 : 조선.jpg

 **버튼 만들기**

01 **1번 슬라이드**를 선택하여 핸들(스티어링 휠) 오른쪽에 도형을 삽입하고 도형 채우기, 도형 윤곽선, 도형 효과, 글꼴을 지정한 후 **"고조선"**을 입력해요.

- 도형 : [사각형]-[모서리가 둥근 직사각형]
- 도형 채우기 : '회색-25%, 배경 2, 10% 더 어둡게'
- 도형 윤곽선 : 윤곽선 없음
- 도형 효과 : [입체 효과]-[각지게]
- 글꼴 : 글꼴(휴먼모음T), 글꼴 크기(14pt), 글꼴 색(검정, 텍스트 1),

02 작성한 도형을 Ctrl + Shift 를 누른 채 오른쪽으로 드래그하여 5개 복제한 후 텍스트를 수정해요.

03 핸들(스티어링 휠) 중앙에 **'홈.png'**를 삽입해요.

01 '**고조선**' 버튼을 마우스 오른쪽 버튼으로 클릭하여 [**하이퍼링크**]를 클릭한 후 [**하이퍼링크 삽입**] 대화상자에 서 [**현재 문서**]-[**슬라이드 2**]를 선택하고 [**확인**]을 클릭해요.

 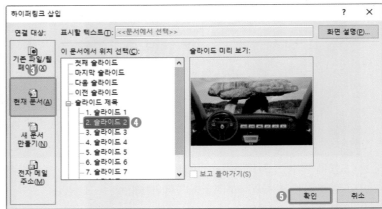

🔆 버튼을 선택한 후 [삽입] 탭-[링크] 그룹-[하이퍼링크]를 클릭해도 하이퍼링크를 삽입할 수 있어요.

02 같은 방법으로 다음과 같이 각 버튼에 하이퍼링크를 삽입해요.
- '고구려' 버튼 : 슬라이드 3
- '백제' 버튼 : 슬라이드 4
- '신라' 버튼 : 슬라이드 5
- '고려' 버튼 : 슬라이드 6
- '조선' 버튼 : 슬라이드 7
- '홈' 버튼 : 첫째 슬라이드 또는 슬라이드 1

03 마우스로 드래그하여 홈 버튼과 시대 버튼들을 모두 선택하고 Ctrl+C를 눌러 복사한 후 **2~7번 슬라이드**에 각각 Ctrl+V를 눌러 붙여 넣어요.

▲ 2번 슬라이드

▲ 3번 슬라이드

▲ 4번 슬라이드

▲ 5번 슬라이드

▲ 6번 슬라이드

▲ 7번 슬라이드

04 [**슬라이드 쇼**] 탭-[**슬라이드 쇼 시작**] 그룹-[**처음부터**]를 클릭하여 각 버튼을 눌러서 이동되는지 확인해 보 면서 타임머신으로 역사 여행을 떠나 보세요.

혼자서 뚝딱뚝딱

① 실습파일을 열어 생일을 선택하면 해당 별자리로 이동하도록 하고, 각 별자리 화면에 이동 버튼을 만들어 보세요.

· 실습파일 : 나의 별자리.pptx   · 완성파일 : 나의 별자리(완성).pptx

· 이동 버튼 : [블록 화살표]-[갈매기형 수장]
· 《 : 이전 슬라이드, 》 : 다음 슬라이드, ︿ : 슬라이드 2

과학 5-1 ▶ 태양계와 별

② 실습파일을 열어 각 행성의 이름을 입력한 후 이름을 클릭하면 해당 행성을 설명하는 위키백과 페이지로 이동하도록 하이퍼링크를 만들어 보세요.

· 실습파일 : 태양계.pptx   · 완성파일 : 태양계(완성).pptx

· 수성 : https://ko.wikipedia.org/wiki/수성
· 금성~해왕성 : "https://ko.wikipedia.org/wiki/"를 복사하여 붙여 넣은 후 행성 이름만 입력하면 돼요.

15 실행 기능으로 피아노 연주하기

학습목표

- 배경을 그림으로 채울 수 있습니다.
- 피아노 건반 위에 마우스 포인터를 놓으면 소리가 나게 할 수 있습니다.
- 도형이 보이지 않도록 서식을 지정할 수 있습니다.

✿ **실행** 실행은 개체를 클릭하거나 마우스 포인터를 위에 놓았을 때 정해진 동작을 하는 기능이에요.
이 기능을 활용하면 정말 다양한 작품을 만들 수 있어요.

실습파일 : 피아노 건반.png, 도/레/미/파/솔/라/시/도.wav   완성파일 : 피아노(완성).pptx

미리보기

1 배경을 그림으로 채우기

01 [시작(⊞)]–[▣ PowerPoint 2016]를 클릭하여 파워포인트 2016 프로그램을 실행한 후 **[새 프레젠테이션]**을 클릭해요.

02 슬라이드 레이아웃을 **'빈 화면'**으로 변경하기 위해 왼쪽의 축소판 그림 창을 마우스 오른쪽 버튼으로 클릭하여 **[레이아웃]–[빈 화면]**을 클릭해요.

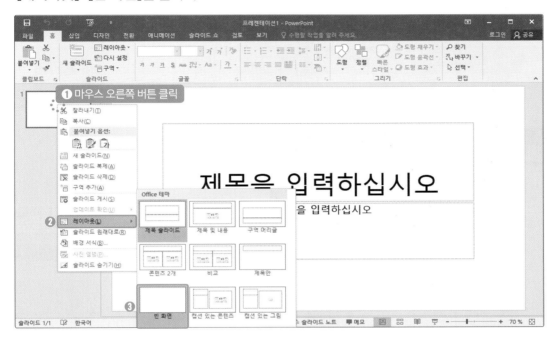

03 배경을 피아노 건반 이미지로 바꾸기 위해 슬라이드에서 마우스 오른쪽 버튼을 클릭하여 **[배경 서식]**을 클릭한 후 **[배경 서식]** 창에서 **[채우기 및 선]–[채우기]–[그림 또는 질감 채우기]**를 선택하고 **[파일]**을 클릭해요.

04 **[그림 삽입]** 대화상자에서 [15차시] 폴더의 **'피아노 건반.jpg'**를 선택하고 [삽입]을 클릭하면 배경이 그림으로 채워져요.

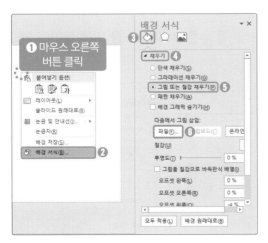
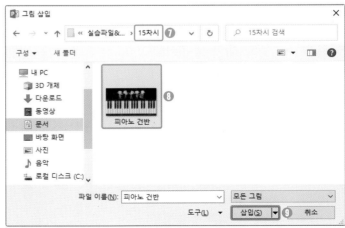

💡 배경 서식을 지정하고 나면 [배경 서식] 창의 [닫기]를 클릭하여 닫으세요.

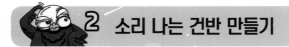

2 소리 나는 건반 만들기

01 직사각형을 그리기 위해 **[삽입] 탭-[일러스트레이션] 그룹-[도형]-[사각형]-[직사각형(□)]**을 클릭하고 가운데 **'도'** 위치에 드래그해요.

02 도형에 마우스 포인터를 올리면 해당 건반의 소리가 나도록 하기 위해 **[삽입] 탭-[링크] 그룹-[실행]**을 클릭해요.

03 **[실행 설정]** 대화상자에서 **[마우스를 위에 놓았을 때] 탭**을 클릭하고 **'소리 재생'**을 체크해요.

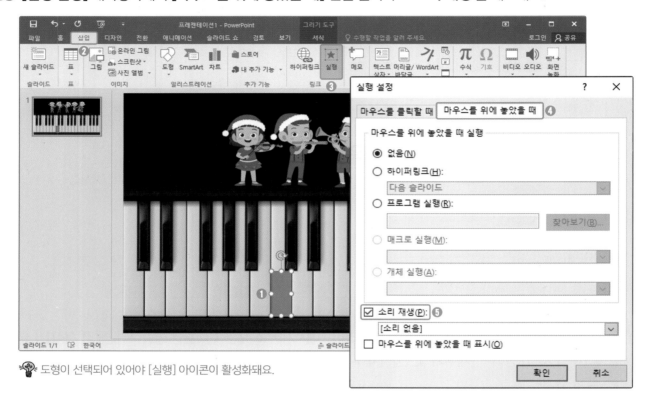

🔅 도형이 선택되어 있어야 [실행] 아이콘이 활성화돼요.

04 소리를 지정하기 위해 **[소리 없음]**을 클릭하고 **[다른 소리]**를 클릭해요.

05 **[오디오 추가]** 대화상자에서 **'1-도.wav'** 파일을 선택하고 [확인]을 누른 후 **'마우스를 위에 놓았을 때 표시'**를 체크한 다음 [확인]을 클릭해요.

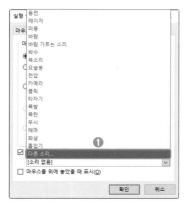
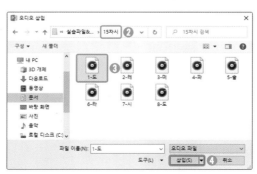

06 직사각형 도형을 Ctrl+Shift를 누른 채 오른쪽으로 드래그하여 **7개** 복제해요.

07 복제된 도형을 각각 선택하고 **[삽입] 탭-[링크] 그룹-[실행]**을 클릭하여 소리 재생의 오디오 파일을 다음과 같이 변경해요.

· ❶ : 2-레.wav ❷ : 3-미.wav ❸ : 4-파.wav ❹ : 5-솔.wav ❺ : 6-라.wav ❻ : 7-시.wav ❼ : 8-도.wav

08 도형을 보이지 않게 하기 위해 **첫 번째 도형**을 마우스 오른쪽 버튼으로 클릭하여 **[도형 서식]**을 클릭해요.

09 **[도형 서식]** 창에서 **투명도**를 **'100%'**, 선을 **'선 없음'**으로 설정해요.

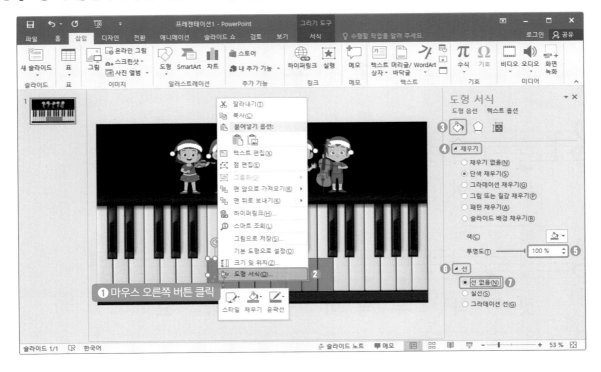

10 첫 번째 도형의 서식(투명도 100%, 선 없음)을 다른 도형에도 똑같이 적용하기 위해 **[홈] 탭-[클립보드] 그룹-[서식 복사(🖌)]**를 **더블 클릭**한 후 나머지 도형들을 **하나씩 클릭**해요.

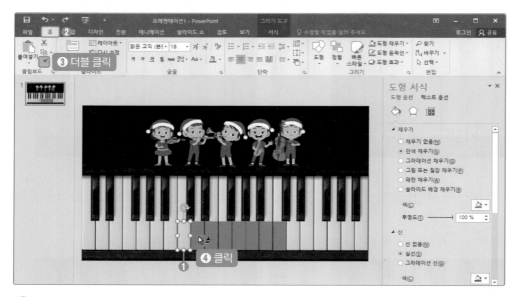

💡 서식 복사 아이콘을 클릭하면 서식을 한 번만 적용할 수 있고, 더블 클릭하면 여러 번 적용할 수 있어요.

 ③ 피아노 연주하기

01 **[슬라이드 쇼] 탭-[슬라이드 쇼 시작] 그룹-[처음부터]**를 클릭하여 마우스 커서를 위치시키면 해당 건반의 소리가 나는지 확인해 보세요.

02 다음의 악보를 보고 연주해 보세요.

💡 같은 음을 여러 번 소리 내려면 마우스 포인터를 바깥쪽으로 옮겼다가 다시 건반으로 옮기면 돼요.

혼자서 뚝딱뚝딱

1 실습파일을 열어 작성 조건대로 셔터를 누를 때마다 음식 사진이 찍히도록 만들어 보세요.

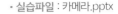
· 실습파일 : 카메라.pptx　　· 완성파일 : 카메라(완성).pptx

▲ 1번 슬라이드

▲ 2번 슬라이드

▲ 3번 슬라이드

▲ 4번 슬라이드

▲ 5번 슬라이드

▲ 6번 슬라이드

작성 조건

셔터 도형	· 카메라 오른쪽 위에 검은색 타원 도형 삽입 · 도형 : [삽입] 탭-[일러스트레이션] 그룹-[도형]-[기본 도형]-[타원(○)] · 도형 스타일 : [그리기 도구-서식] 탭-[도형 스타일] 그룹-[색 채우기 - 검정, 어둡게 1] · 1번 슬라이드에서 작성하여 복사(Ctrl+C)한 후 2~6번 슬라이드에 붙여넣기(Ctrl+V)
실행 설정	 · 셔터 도형 선택 후 [삽입] 탭-[링크] 그룹-[실행] 클릭 · 마우스를 클릭할 때 실행 　- 1~5번 슬라이드 : 마우스를 클릭할 때 다음 슬라이드 　- 6번 슬라이드 : 마우스를 클릭할 때 첫째 슬라이드 · 소리 재생 : 카메라 · '클릭할 때 색 변화' 체크

16 마우스 탈출 게임

액티비티

파워포인트로 게임도 만들 수 있다는 사실 알고 계셨나요? 마우스를 움직여서 마우스 포인터가 장애물에 닿지 않고 통과해야 하는 '마우스 탈출 게임'은 장애물에 닿으면 폭탄이 터지고 게임을 모두 통과하면 성공 트로피를 받는 게임을 완성하고 재미있게 게임을 해볼까요?

실습파일 : 마우스 탈출 게임.pptx   **완성파일** : 마우스 탈출 게임(완성).pptx

미리보기

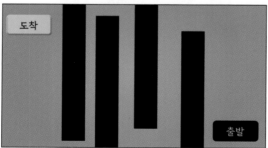

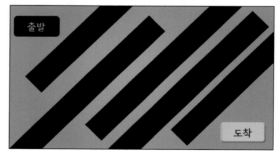

01 파워포인트 2016 프로그램을 실행하여 [16차시]의 '**마우스 탈출 게임.pptx**' 파일을 열어요.

02 게임 구성을 확인하고 각 슬라이드의 버튼마다 [**삽입**] 탭-[**링크**] 그룹-[**하이퍼링크**]를 클릭하여 하이퍼링크를 설정해요.

- [슬라이드 1] 메인 화면
- "개발자" → 슬라이드 2
- "게임 시작" → 슬라이드 3

- [슬라이드 2] 개발자 소개 화면
- "처음으로" → 슬라이드 1 또는 첫째 슬라이드
- "게임 시작" → 슬라이드 3

- [슬라이드 3] 게임 시작 화면
- "출발" → 슬라이드 4

- [슬라이드 4] 탈출 게임 #1
- "도착" → 슬라이드 5

- [슬라이드 5] 탈출 게임 #2
- "도착" → 마지막 슬라이드

- [슬라이드 6] 탈출 게임 #1 실패 화면
- "다시 하기" → 슬라이드 4
- "그만 하기" → 쇼 마침

- [슬라이드 7] 탈출 게임 #2 실패 화면
- "다시 하기" → 슬라이드 5
- "그만 하기" → 쇼 마침

- [슬라이드 8] 탈출 게임 성공 화면

 2번 슬라이드에 여러분의 학교, 학년, 반, 이름을 입력하세요.

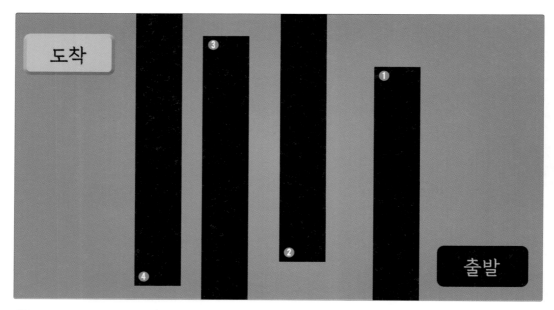

💡 마우스 포인터를 출발 지점에서 도착 지점까지 검정 막대에 닿지 않고 이동하는 게임이에요.
　　마우스 포인터가 검정 막대에 닿으면 슬라이드 6으로 이동해요.

01 [삽입] 탭-[일러스트레이션] 그룹-[도형]-[사각형]-[직사각형(▭)]을 클릭하고 도형 ❶을 그려요.

02 [그리기 도구-서식] 탭-[도형 스타일] 그룹의 [자세히(▾)] 버튼을 클릭하여 '색 채우기 – 검정, 어둡게 1'
　　테마 스타일을 지정해요.

03 [삽입] 탭-[링크] 그룹-[실행]을 클릭한 후 [실행 설정] 대화상자에서 [마우스를 위에 놓았을 때] 탭을 클릭
　　하고 [하이퍼링크]-[슬라이드 6]으로 설정해요.

04 Ctrl 을 누른 채 드래그하여 도형 ❷를 복제하고 도형의 길이를 조금 더 길게 만들어요.

05 같은 방법으로 도형 ❸과 도형 ❹를 복제하고 도형의 길이를 조금 더 길게 만들어요.

　💡 막대 사이의 간격이 점점 좁아지게 만들면 게임이 더욱 재미있어 져요.

💡 마우스 포인터를 출발 지점에서 도착 지점까지 검정 막대에 닿지 않고 이동하는 게임이에요.
마우스 포인터가 검정 막대에 닿으면 슬라이드 7로 이동해요.

01 [삽입] 탭-[일러스트레이션] 그룹-[도형]-[사각형]-[직사각형(▭)]을 클릭하고 도형 ❶을 그려요.

02 [그리기 도구-서식] 탭-[도형 스타일] 그룹의 [자세히(▾)] 버튼을 클릭하여 '색 채우기 – 검정, 어둡게 1' 테마 스타일을 지정해요.

03 도형의 회전 핸들(↻)을 Shift 를 누른 채 드래그하여 오른쪽으로 45도 회전시켜요.

💡 도형이 슬라이드 밖으로 나가더라도 보이지 않으므로 괜찮아요.

04 [삽입] 탭-[링크] 그룹-[실행]을 클릭한 후 [실행 설정] 대화상자에서 **[마우스를 위에 놓았을 때] 탭**을 클릭하고 **[하이퍼링크]-[슬라이드 7]**로 설정해요.

05 Ctrl 을 누른 채 드래그하여 도형 ❷를 복제하고 도형의 길이를 조금 더 길게 만들어요.

06 같은 방법으로 Ctrl 을 누른 채 드래그하여 도형 ❸~❺를 복제해요.

💡 막대 사이의 간격이 점점 좁아지게 만들면 게임이 더욱 재미있어 져요.

4 마우스 탈출 게임 즐기기

01 [슬라이드 쇼] 탭-[슬라이드 쇼 시작] 그룹-[처음부터]를 클릭하여 게임을 해보세요.

02 검정 막대의 길이와 간격을 조절하면 게임의 난이도를 조정할 수 있어요.

17

학습목표

비디오 삽입으로 제주도 여행하기

- 제주서체를 내려받아 설치할 수 있습니다.
- 내 PC의 비디오를 삽입하여 비디오 스타일을 변경할 수 있습니다.
- 온라인 비디오를 삽입하여 영상을 재생시킬 수 있습니다.

✗ 비디오 삽입 파워포인트로 만든 문서에 글자와 그래픽만 있으면 보는 사람들이 지루해할 수 있어요. 그런데 중간 중간에 비디오가 들어가면 훨씬 더 재미있어 하고 집중하게 되겠죠? 컴퓨터에 저장된 비디오 파일뿐만 아니라 인터넷의 비디오도 삽입할 수 있어요.

실습파일 : 제주도 여행.pptx, 협재 해수욕장.mp4, 일출.mp4 　　　완성파일 : 제주도 여행(완성).pptx

미리보기

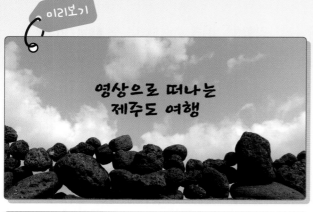

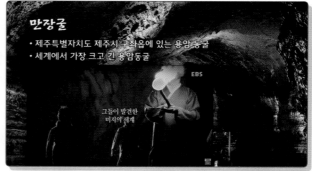

01 크롬이나 마이크로소프트 엣지 등의 웹 브라우저를 실행한 후 **"제주 서체"**를 검색하여 '**서체 – 제주특별자치도**'를 클릭해요.

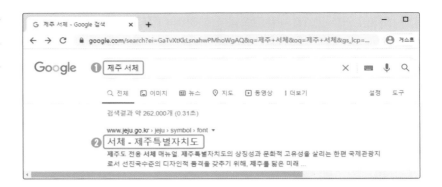

02 아래로 드래그하여 **Windows용 설치시**의 [**자동설치버전**]을 클릭해요.

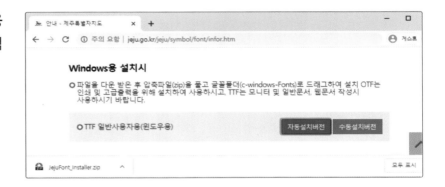

03 내려받은 파일의 압축을 풀고 실행 파일을 더블 클릭해요.

> '이 앱이 디바이스를 변경할 수 있도록 허용하시겠어요'라는 창이 나오면 [예]를 클릭해요.

04 [설치]를 클릭하고 설치가 완료되면 [마침]을 클릭해요.

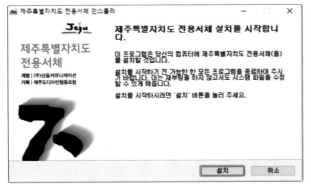
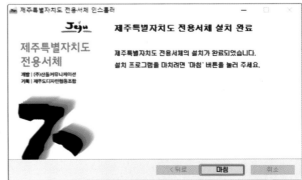

② 협재 해수욕장 비디오 삽입하여 꾸미기

01 파워포인트 2016 프로그램을 실행하여 [17차시]의 **'제주도 여행.pptx'** 파일을 열어요.

02 **2번 슬라이드**를 선택하여 [삽입] 탭-[미디어] 그룹-[비디오]-[내 PC의 비디오]를 클릭한 후 [비디오 삽입] 대화상자에서 [17차시] 폴더의 **'협재 해수욕장.mp4'**를 선택하고 [삽입]을 클릭해요.

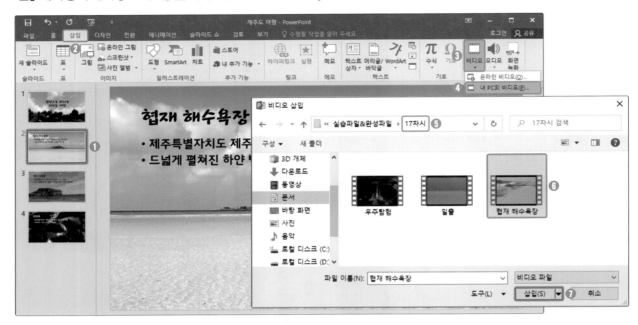

03 비디오가 삽입되면 **[비디오 도구-서식] 탭-[비디오 스타일] 그룹**의 [자세히(▾)] 버튼을 클릭하여 비디오 스타일을 선택한 후 비디오의 크기와 위치를 조정해요.

- ❷ '둥근 대각선 모서리, 흰색'

3 성산 일출봉 비디오 삽입하여 꾸미기

01 3번 슬라이드를 선택하여 [삽입] 탭-[미디어] 그룹-[비디오]-[내 PC의 비디오]를 클릭한 후 [비디오 삽입] 대화상자에서 [17차시] 폴더의 '일출.mp4'를 선택하고 [삽입]을 클릭해요.

02 [비디오 도구-서식] 탭-[비디오 스타일] 그룹-[비디오 셰이프]-[구름(☁)]을 클릭해요.

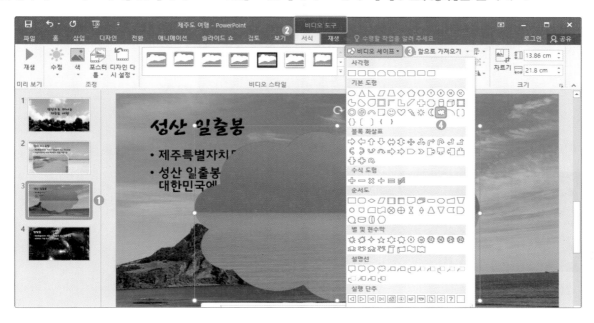

03 슬라이드 쇼 실행 시 비디오가 자동으로 재생되도록 하기 위해 [비디오 도구-재생] 탭-[비디오 옵션] 그룹의 **시작**을 '**자동 실행**'으로 설정해요.

04 비디오의 크기와 위치를 조정해요.

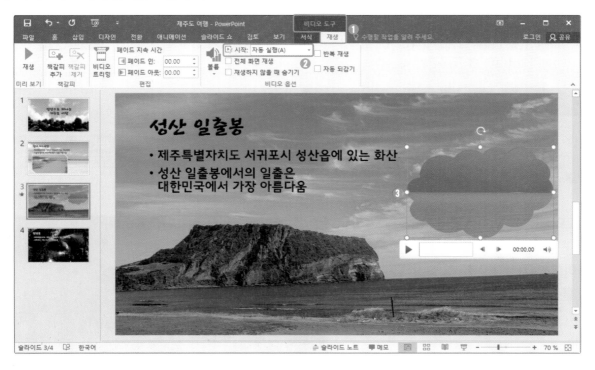

01 크롬 등의 웹 브라우저를 실행하여
유튜브(www.youtube.com)에
접속한 후 **"만장굴 EBS"**를 검색
하여 원하는 영상을 클릭해요.

02 영상 아래의 **[공유]**를 클릭하고 **[퍼가기]**를 클릭한 후 동영상 퍼가기 팝업창에서 **[복사]**를 클릭해요.

03 다시 파워포인트로 돌아와 **4번 슬라이드**를 선택하여 **[삽입] 탭-[미디어] 그룹-[비디오]-[온라인 비디오]**
를 클릭합니다. **[비디오 삽입]** 대화상자에서 비디오 Embed 태그 입력 상자를 클릭한 후 Ctrl+V를 눌러 복
사된 주소를 붙여넣은 후 Enter를 눌러요.

04 비디오의 크기와 위치를 조정한 후 **[슬라이
드 쇼] 탭-[슬라이드 쇼 시작] 그룹-[현재
슬라이드부터]**를 클릭한 후 빨간색 재생 버
튼을 클릭하면 유튜브 영상이 재생돼요.

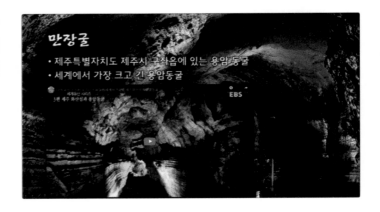

1 실습파일을 열어 작성 조건대로 동영상을 삽입하고 편집해 보세요.

· 실습파일 : 우주탐험.pptx, 우주1~2.png, 우주탐험.wmv　　· 완성파일 : 우주탐험(완성).pptx

작성 조건

· 제목 도형 : '모서리가 둥근 사각형 설명선'
  – 도형 채우기 : '채우기 없음'
  – 도형 윤곽선 : '흰색, 배경 1, 50% 더 어둡게'
  – 글꼴 : 'HY헤드라인M'
  – 글꼴 색 : '흰색, 배경 1'
· 동영상 삽입 : '우주탐험.wmv'
  – 비디오 스타일 : ' 대각선 방향의 모서리 잘림, 흰색'
  – 시작 : '자동 실행'
· 이미지 삽입 : '우주1.png', '우주2.png'

📖 **사회 6-2** ▶ 통일 한국의 미래와 지구촌의 평화

2 온라인 비디오 삽입 기능으로 유튜브에서 "대한민국의 아름다운 영토 독도"를 검색하여 첫 번째 영상을 삽입하고 동영상을 시청한 후 다음의 빈칸을 채워 보세요.

· 실습파일 : 독도.pptx　　· 완성파일 : 독도(완성).pptx

· 1454년에 편찬된 　ㅅㅈㅅㄹㅈㄹㅈ　 는 울릉도와 독도의 위치를 정확하게 밝히고 있습니다.

· 1877년 　ㅌㅈㄱㅈㄹ　 에 울릉도와 독도는 일본과 관계가 없다는 것을 명시하였습니다.

· 　　　　년 대한제국 칙령 제41호에 독도가 한국 영토임을 명확히 하였습니다.

· 　　　　년 지방 정부 시네마현의 고시를 통해 독도를 불법으로 편입하였습니다.

· 1946년 연합국 최고사령관 각서 제677호는 일본의 행정관할 구역에서 　ㅇㄹㄷ　, 　ㄷㄷ　, 제주도를 제외한다고 선포하였습니다.

18 오디오 삽입으로 뮤직비디오 만들기

학습목표

- 슬라이드를 원하는 위치에 복제할 수 있습니다.
- 오디오를 삽입하여 옵션을 설정할 수 있습니다.
- 오디오에서 불필요한 부분을 잘라낼 수 있습니다.

✦ **오디오 삽입** 만약 뮤직비디오에 음악이 없고 가사만 나온다면 엄청 답답하겠죠?
파워포인트로 만든 문서에 음악이나 음성과 같은 오디오가 있으면 지루하지 않고 생동감이 넘치게 만들 수 있어요.

실습파일 : 동그란 바퀴.pptx, 동그란 바퀴.mp3   완성파일 : 동그란 바퀴(완성).pptx

미리보기

동그란 바퀴

붕붕붕~ 자동차에 4개 달려 있지요

따르릉~ 자전거엔 2개 있어요

1 가사 입력 후 슬라이드 복제하기

01 파워포인트 2016 프로그램을 실행하여 [18차시]의 **'동그란 바퀴.pptx'** 파일을 열어요.

02 **2~5번 슬라이드**에 다음과 같이 가사를 입력해요.

03 슬라이드 복제를 편리하게 하기 위해 오른쪽 아래의 **[여러 슬라이드(🔳)]** 아이콘을 클릭해요. **1번 슬라이드**를 클릭하고 Shift를 누른 채 **5번 슬라이드**를 클릭한 후 Ctrl+C를 눌러 복사해요.

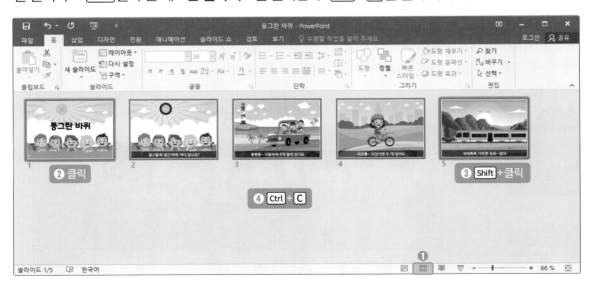

💡 항목을 선택하고 Shift를 누른 채 다른 항목을 선택하면 연속으로 선택할 수 있어요.
   Ctrl+A를 눌러도 모두 선택할 수 있어요.

04 **5번 슬라이드**의 오른쪽을 클릭하고 [Ctrl]+[V]를 눌러 복사된 슬라이드를 붙여 넣은 후 **붙여넣기 옵션 단추**
(📋(Ctrl)▾)를 클릭하여 **원본 서식 유지**(📋)를 선택해요.

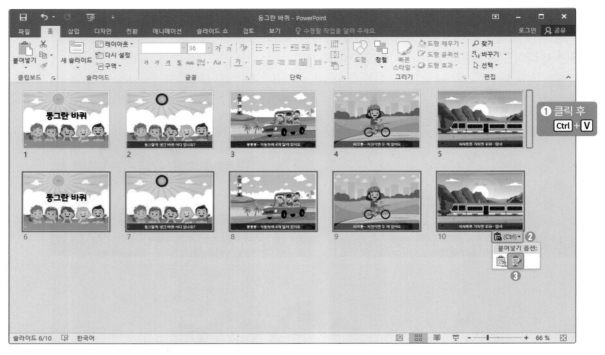

💡 복사한 슬라이드를 원래대로 붙여 넣으려면 '원본 서식 유지'를 선택해야 해요.

05 **6번 슬라이드**를 선택하고 오른쪽 아래의 **기본 보기**[(🔲)] 아이콘을 클릭한 후 텍스트를 **"(간주중)"**으로 수정
하고 글꼴을 **'경기천년제목 Light'**로 변경해요.

2 오디오 삽입하기

01 오디오를 삽입하기 위해 **[삽입] 탭-[미디어] 그룹-[오디오]-[내 PC의 오디오]**를 클릭한 후 **[오디오 삽입]** 대화상자에서 [18차시] 폴더의 **'동그란 바퀴.mp3'**를 선택하고 **[삽입]**을 클릭해요.

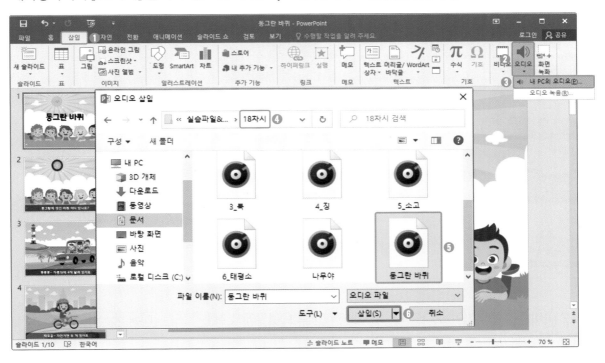

02 오디오가 1번 슬라이드뿐만 아니라 모든 슬라이드에서 실행되도록 하기 위해 **[오디오 도구-재생] 탭-[오디오 옵션] 그룹**에서 **'모든 슬라이드에서 실행'**을 체크해요.

03 오디오 아이콘을 드래그하여 위치를 이동한 후 **[슬라이드 쇼] 탭-[슬라이드 쇼 시작] 그룹-[처음부터]**를 클릭하여 슬라이드 쇼를 실행해요.

04 오디오 아이콘을 클릭하여 오디오 파일을 재생시킨 후 노랫말에 맞춰 → 또는 Page Down 을 누르면서 슬라이드를 넘겨 보세요.

혼자서 뚝딱뚝딱

① 실습파일을 열어 가사를 입력하고 오디오를 삽입한 후 동요에서 반복되는 부분을 자르고 모든 슬라이드에서 재생되게 한 다음 슬라이드 쇼를 실행시켜 확인해 보세요.

· 실습파일 : 나무야.pptx, 나무야.wav   · 완성파일 : 나무야(완성).pptx

작성조건

오디오 자르는 방법

· [오디오 도구-재생] 탭-[편집] 그룹-[오디오 트리밍]을 클릭해요.
· [오디오 맞추기] 대화상자에서 종료 시간을 반복되는 부분 시작 직전인 '00:33'으로 설정해요.

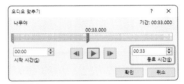

📖 **가을 1-2** ▶ 흥겨운 소리가 울려 퍼져요

② 실습파일을 열어 악기별 소리 파일을 삽입한 후 오디오 아이콘을 해당 악기에 위치시키고, 풍물놀이 소리 파일을 삽입하여 슬라이드 가운데에 오디오 아이콘을 크게 만들어 보세요.

· 실습파일 : 풍물놀이.pptx, 오디오 파일(풍물놀이, 꽹과리, 장구, 북, 징, 소고, 태평소)   · 완성파일 : 풍물놀이(완성).pptx

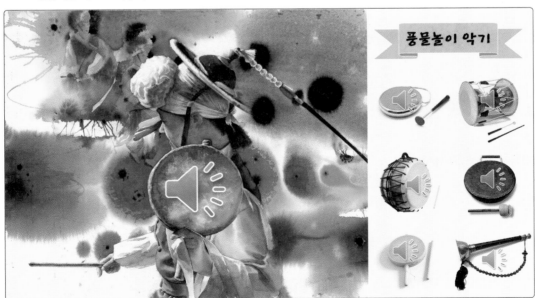

19 화면 전환으로 뮤직비디오 전환시키기

학습목표

- 슬라이드 화면 전환 효과를 지정할 수 있습니다.
- 효과 옵션과 기간을 지정할 수 있습니다.
- 지정된 시간 후에 자동으로 전환시킬 수 있습니다.

화면 전환 한 슬라이드에서 다른 슬라이드로 바뀔 때 여러 가지 효과를 주는 것이에요.
다양한 전환 효과 중에서 원하는 효과를 선택하고 소리 추가, 전환 속도, 전환 방법 등을 지정할 수 있어요.

실습파일 : 화면 전환.pptx   완성파일 : 화면 전환(완성).pptx

미리보기

1 1번 슬라이드 화면 전환하기

01 파워포인트 2016 프로그램을 실행하여 [19차시]의 **'화면 전환.pptx'** 파일을 열고 **1번 슬라이드**를 선택해요.

02 오디오가 자동으로 실행되도록 설정하고 오디오 아이콘을 숨기기 위해 오디오 아이콘을 선택한 후 **[오디오 도구-재생] 탭-[오디오 옵션] 그룹**에서 설정해요.

· ❹ 시작(자동 실행) ❺ '쇼 동안 숨기기' 체크

03 Esc를 눌러 선택을 해제하고 화면 전환 효과를 지정하기 위해 **[전환] 탭-[슬라이드 화면 전환] 그룹**의 [자세히(⤓)] 버튼을 클릭하여 **[소용돌이]**를 선택해요.

04 지정된 시간 후에 자동으로 화면이 전환되도록 **[타이밍] 그룹**에서 **'다음 시간 후'**를 체크하고 시간을 **'2.5초'**로 설정해요.

② 2~10번 슬라이드 화면 전환하기

01 오른쪽 아래의 **[여러 슬라이드(⊞)]** 아이콘을 클릭하여 **2번 슬라이드**를 클릭하고 Ctrl 을 누른 채 **7번 슬라이드**를 클릭한 후 화면 전환 효과, 효과 옵션, 화면 전환 시간을 설정해요.

· ⑤ 전환 효과(밀어내기) ⑥ 효과 옵션(위에서) ⑧ 다음 시간 후(4초)

02 **3번 슬라이드**를 클릭하고 Ctrl 을 누른 채 **8번 슬라이드**를 클릭한 후 화면 전환 효과, 효과 옵션, 화면 전환 시간을 설정해요.

· ④ 전환 효과(블라인드) ⑥ 효과 옵션(가로) ⑦ 다음 시간 후(4초)

03 **4번 슬라이드**를 클릭하고 Ctrl을 누른 채 **9번 슬라이드**를 클릭한 후 화면 전환 효과, 화면 전환 시간을 설정
해요.

 · ❹ 전환 효과(전환) ❺ 다음 시간 후(4초)

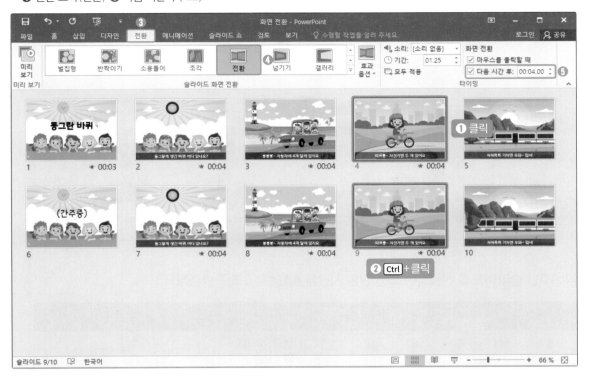

04 **5번 슬라이드**를 클릭하고 Ctrl을 누른 채 **10번 슬라이드**를 클릭한 후 화면 전환 효과, 기간, 화면 전환 시간
을 설정해요.

 · ❹ 전환 효과(페이지 말아 넘기기) ❺ 기간(2초) ❻ 다음 시간 후(4초)

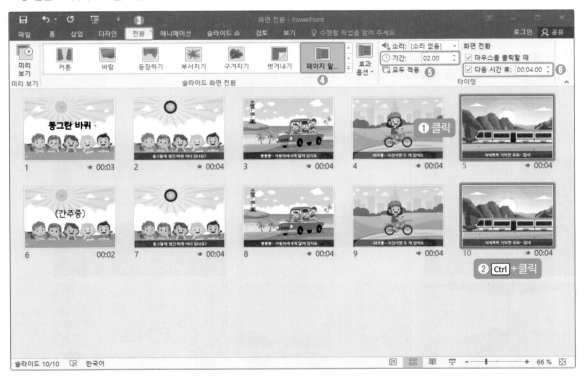

💡 기간은 화면이 전환되는 시간을 의미해요.

05 **6번 슬라이드**를 선택하여 화면 전환 효과, 화면 전환 시간을 설정해요.

- ❸ 전환 효과(흩어 뿌리기) ❹ 다음 시간 후(2초)

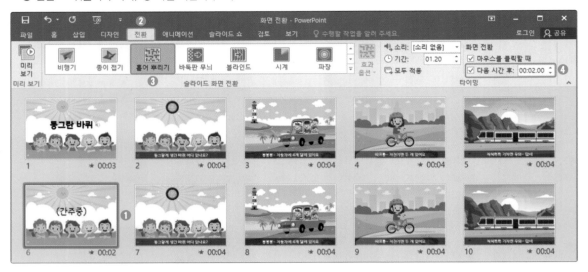

06 마지막 **10번 슬라이드**를 선택하여 화면 전환 시간을 4초에서 **5초**로 변경해요.

07 슬라이드 화면 전환 설정이 완료되었어요. F5 를 눌러 노랫말에 맞춰 화면이 자동으로 전환되는지 확인해 보세요.

혼자서 뚝딱뚝딱

1 실습파일을 열어 작성 조건대로 화면 전환 효과와 효과 옵션을 지정한 후 슬라이드 쇼를 실행하여 확인해 보세요.

· 실습파일 : 다양한 효과.pptx   · 완성파일 : 다양한 효과(완성).pptx

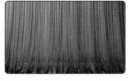

작성조건

슬라이드	화면 전환 효과	효과 옵션
슬라이드 2	커튼	–
슬라이드 3	페이지 말아 넘기기	이중 왼쪽
슬라이드 4	벌집형	–
슬라이드 5	블라인드	가로
슬라이드 6	바람	오른쪽으로
슬라이드 7	부서지기	–
슬라이드 8	구겨지기	–
슬라이드 9	비행기	오른쪽으로
슬라이드 10	바둑판 무늬	왼쪽에서
슬라이드 11	파장	가운데부터
슬라이드 12	깜박이기	–

 미술 3 ▷ 즐기며 배우는 미술관

2 실습파일을 열어 작성 조건대로 모든 슬라이드에 화면 전환 효과를 지정한 후 슬라이드 쇼를 실행하여 미술관의 작품을 감상해 보세요.

· 실습파일 : 미술관.pptx   · 완성파일 : 미술관(완성).pptx

작성조건

· 전환 효과(갤러리)
· 효과 옵션(왼쪽에서)
· 기간(2.5초)

#애니메이션 #애니메이션 복사

20 애니메이션으로 뮤직비디오 완성하기

학습목표

- 개체에 애니메이션 효과를 지정할 수 있습니다.
- 애니메이션의 타이밍을 지정할 수 있습니다.
- 한 개체의 애니메이션을 다른 개체에 복사할 수 있습니다.

애니메이션 애니메이션은 개체가 살아 있는 것처럼 움직이게 하는 효과에요.
개체에 어울리는 애니메이션 효과를 선택하고 시작 방법이나 재생 시간 등을 설정하면 멋진 애니메이션을 만들 수 있어요.

실습파일 : 애니메이션.pptx 완성파일 : 애니메이션(완성).pptx

미리보기

01 파워포인트 2016 프로그램을 실행하여 [20차시]의 '**애니메이션.pptx**' 파일을 열어요.

02 **1번 슬라이드**를 선택하고 Shift 를 누른 채 머리를 클릭하여 선택해요.

03 [**애니메이션**] 탭-[**애니메이션**] 그룹의 [자세히(▾)] 버튼을 클릭하여 [**강조**]-[**흔들기**] 애니메이션을 선택해요.

04 [**타이밍**] 그룹에서 시작을 '**이전 효과와 함께**', 재생 시간을 '**2.5초**'로 설정한 후 왼쪽의 [**미리 보기**]를 클릭해서 확인해 보세요.

01 2번 슬라이드의 바퀴를 선택하고 **[애니메이션] 탭-[애니메이션] 그룹**의 **[자세히(⏷)]** 버튼을 클릭하여 **[나타내기]-[확대/축소]** 애니메이션을 선택해요

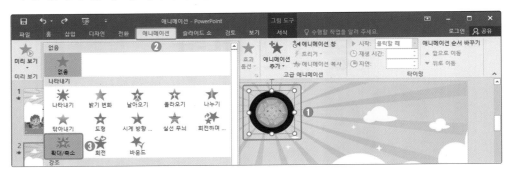

02 애니메이션을 추가하기 위해 바퀴를 선택하고 **[애니메이션 추가]**를 클릭하여 **[강조]-[회전]**을 선택해요.

03 **[애니메이션 창]**을 클릭하여 오른쪽의 애니메이션 효과를 Shift 를 누른 채 클릭하여 모두 선택한 후 **[타이밍]** **그룹**에서 시작과 재생 시간을 설정해요.

- ❹ 시작(이전 효과와 함께) ❺ 재생 시간(4초)

💡 설정이 끝나면 애니메이션 창의 [닫기] 버튼을 클릭하여 창을 닫아요.

04 바퀴를 선택하여 **[고급 애니메이션] 그룹-[애니메이션 복사]**를 클릭한 후 **7번 슬라이드**의 바퀴를 클릭하여 똑같은 애니메이션 효과를 적용시켜요.

③ 3, 8번 슬라이드 애니메이션 지정하기

01 3번 슬라이드의 자동차를 선택하고 [애니메이션] 탭-[애니메이션] 그룹의 [자세히(▾)] 버튼을 클릭한 후 아래로 스크롤하여 [이동 경로]-[사용자 지정 경로(🔲)] 애니메이션을 선택해요.

02 자동차의 중심부에서 시작해서 도로를 따라 드래그하고 [Esc]를 누른 후 [타이밍] 그룹의 시작과 재생 시간을 설정해요.
- ④ 시작(이전 효과와 함께) ⑤ 재생 시간(4초)

03 자동차를 선택하여 [고급 애니메이션] 그룹-[애니메이션 복사]를 클릭한 후 **8번 슬라이드**의 자동차를 클릭하여 똑같은 애니메이션 효과를 적용시켜요.

 ④ 4, 9번 슬라이드 애니메이션 지정하기

01 4번 슬라이드의 자전거를 선택하고 [이동 경로]-[사용자 지정 경로(🔲)] 애니메이션을 선택한 후 자전거의 중심부에서 시작해서 길을 따라 드래그하고 [Esc]를 누른 후 [타이밍] 그룹의 시작과 재생 시간을 설정해요.
- ④ 시작(이전 효과와 함께) ⑤ 재생 시간(4초)

02 자전거를 선택하여 [고급 애니메이션] 그룹-[애니메이션 복사]를 클릭한 후 **9번 슬라이드**의 자전거를 클릭하여 똑같은 애니메이션 효과를 적용시켜요.

5 5, 10번 슬라이드 애니메이션 지정하기

01 **5번 슬라이드**의 기차를 선택하고 **[이동 경로]-[선(│)]** 애니메이션을 선택한 후 **[효과 옵션]-[왼쪽]**을 선택해요.

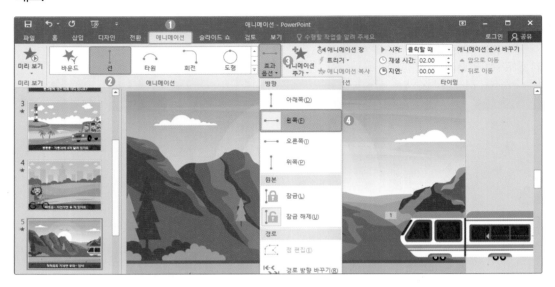

02 점선으로 표시된 이동 경로를 클릭하여 **종료 지점**인 빨간색 동그라미를 Shift 를 누른 채 왼쪽으로 드래그한 후 **[타이밍] 그룹**의 시작과 재생 시간을 설정해요.

· ❹ 시작(이전 효과와 함께) ❺ 재생 시간(4초)

03 기차를 선택하여 **[고급 애니메이션] 그룹-[애니메이션 복사]**를 클릭한 후 10번 슬라이드의 기차를 클릭하여 똑같은 애니메이션 효과를 적용시켜요.

04 F5 를 눌러 애니메이션을 확인해 보세요.

1 실습파일을 열어 [파일]-[내보내기]-[비디오 만들기]-[비디오 만들기] 메뉴로 비디오 파일을 만든 후 영상을 재생해 보세요.

· **실습파일** : 뮤직비디오.pptx   · **완성파일** : 뮤직비디오.mp4

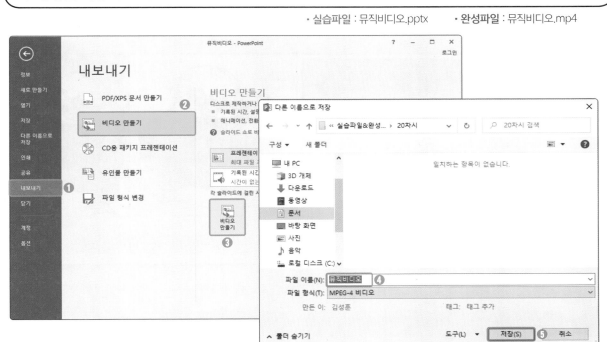

🔦 비디오(동영상) 파일로 변환하는 것을 인코딩이라고 하는데, 인코딩은 시간이 제법 걸릴 수 있어요.

과학 6-2 ▷ 지구의 공전은 무엇일까요?

2 실습파일을 열어 작성 조건대로 애니메이션을 적용하여 지구가 태양 주위를 공전하도록 만들어 보세요.

· **실습파일** : 지구의 공전.pptx   · **완성파일** : 지구의 공전(완성).pptx

⭐작성조건

· 애니메이션 종류 : [이동 경로]-[도형]
· 효과 옵션 : 원형
· 시작 : 클릭할 때
· 재생 시간 : 10초

🔦 도형 애니메이션의 이동 경로를 점선 도형에 맞춰 크기를 조절해요.

21 슬라이드 쇼로 발표하기

- 발표에 불필요한 슬라이드를 숨길 수 있습니다.
- 발표에 필요한 슬라이드만으로 슬라이드 쇼 재구성을 할 수 있습니다.
- 슬라이드 쇼를 설정하고 레이저 포인터, 펜, 형광펜을 사용할 수 있습니다.

✿ 슬라이드 쇼   슬라이드를 화면 전체에 채워 보여주는 기능이에요.
필요 없는 슬라이드를 숨기거나 슬라이드 쇼를 재구성하는 등 다양한 추가 기능까지 활용하면 멋지게 발표할 수 있어요.

실습파일 : 세계 여행 계획.pptx   완성파일 : 세계 여행 계획(완성).pptx

미리보기

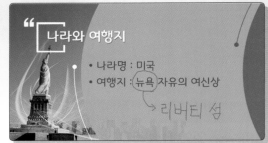
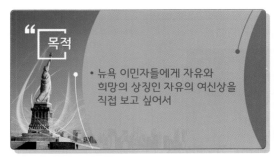
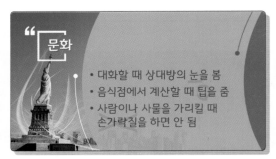

1 슬라이드 숨기기

01 파워포인트 2016 프로그램을 실행하여 [21차시]의 **'세계 여행 계획.pptx'** 파일을 열어요.

02 발표할 때 자유의 여신상을 설명하는 슬라이드를 빼기 위해 **4번 슬라이드**를 선택한 후 **[슬라이드 쇼] 탭-[설정] 그룹-[슬라이드 숨기기]**를 클릭해요.

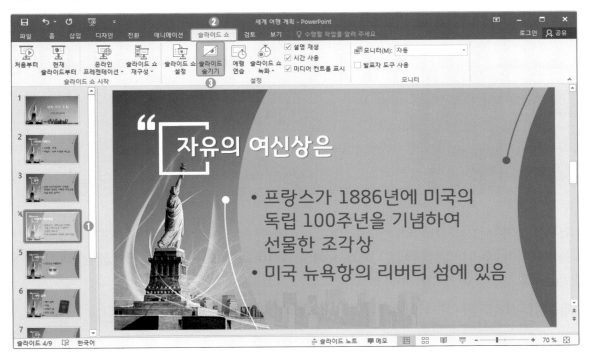

03 4번 슬라이드가 숨겨진 것을 확인하기 위해 **[슬라이드 쇼] 탭-[슬라이드 쇼 시작] 그룹-[처음부터]**를 클릭해요.

💡 F5를 눌러도 처음부터 슬라이드 쇼가 시작돼요.

04 마우스를 클릭하여 다음 슬라이드로 넘기면서 4번 슬라이드가 표시되지 않는 것을 확인해요.

▲ 1번 슬라이드　　▲ 2번 슬라이드　　▲ 3번 슬라이드　　▲ 5번 슬라이드

05 Esc를 눌러 슬라이드를 종료한 후 숨긴 슬라이드를 다시 표시하기 위해 4번 슬라이드를 선택하고 **[슬라이드 쇼] 탭-[설정] 그룹-[슬라이드 숨기기]**를 클릭하여 선택 해제해요.

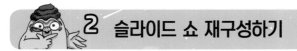

② 슬라이드 쇼 재구성하기

01 슬라이드 쇼에 사용할 슬라이드만 모으기 위해 **[슬라이드 쇼] 탭-[슬라이드 쇼 시작] 그룹-[슬라이드 쇼 재구성]-[쇼 재구성]**을 클릭해요.

02 **[쇼 재구성]** 대화상자가 나타나면 [새로 만들기]를 클릭해요.

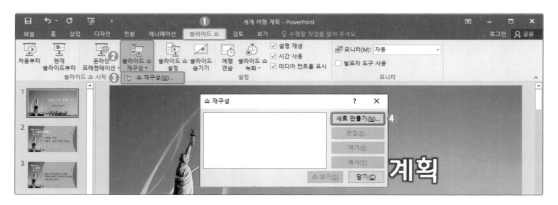

03 **[쇼 재구성 하기]** 대화상자가 나타나면 '슬라이드 쇼 이름'에 **"수업시간 발표"**를 입력하고 1~3, 5~7번 슬라이드를 선택하여 **[추가]** 버튼을 클릭한 후 **'6, 문화'**를 선택하고 **위로(↑)** 버튼을 2번 클릭하여 네 번째로 위치를 이동해요.

04 **[쇼 재구성]** 대화상자가 다시 나타나면 [쇼 보기]를 클릭해요.

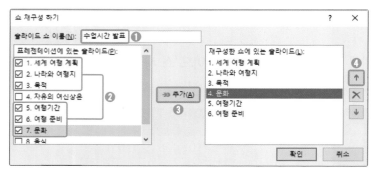 

05 슬라이드 쇼가 실행되면 쇼 재구성에 포함된 슬라이드만 표시되는 것을 확인해요.

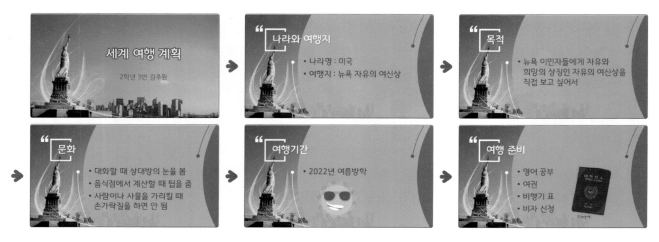

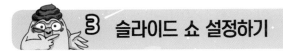

③ 슬라이드 쇼 설정하기

01 슬라이드 쇼를 설정하기 위해 **[슬라이드 쇼] 탭-[설정] 그룹-[슬라이드 쇼 설정]**을 클릭해요.

02 **[쇼 설정]** 대화상자에서 표시 옵션의 **펜 색**과 **레이저 포인터 색**을 설정한 후 **[확인]**을 클릭해요.

· ❸ 펜 색(진한 빨강) ❺ 레이저 포인터 색(연두 형광색)

03 재구성 된 쇼를 실행하기 위해 **[슬라이드 쇼] 탭-[슬라이드 쇼 시작] 그룹-[슬라이드 쇼 재구성]-[수업시간 발표]**를 클릭해요.

04 슬라이드 쇼 화면에서 마우스 오른쪽 버튼을 클릭하여 **[포인터 옵션]-[레이저 포인터]**를 클릭하여 레이저 포인터가 표시되는 것을 확인해요.

💡 Ctrl + L 을 누르면 레이저 포인터로 바뀌고 다시 Ctrl + L 을 누르면 화살표로 바뀌어요.

05 레이저 포인터 상태에서는 마우스가 클릭되지 않으므로 키보드의 오른쪽 화살표(→)를 누르거나 [Page Down]을 눌러 **'나라와 여행지'** 슬라이드로 이동해요.

06 마우스 오른쪽 버튼을 클릭하여 **[포인터 옵션]-[펜]**을 클릭한 후 다음과 같이 적어 보세요.

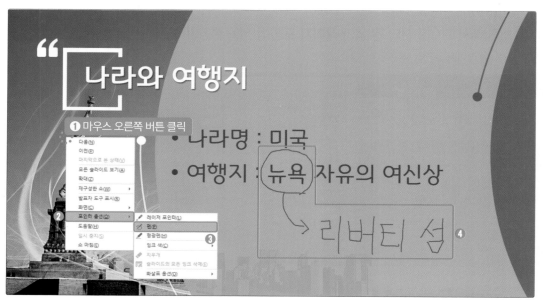

🔦 [Ctrl]+[P]를 누르면 펜으로 바뀌고 다시 [Ctrl]+[P]를 누르면 화살표로 바뀌어요.

07 **'문화'** 슬라이드로 이동한 후 마우스 오른쪽 버튼을 클릭하여 **[포인터 옵션]-[형광펜]**을 클릭한 후 다음과 같이 표시해 보세요.

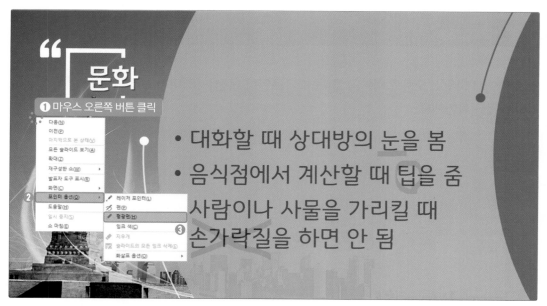

🔦 [Ctrl]+[I]를 누르면 형광펜으로 바뀌고 다시 [Ctrl]+[I]를 누르면 형광펜으로 바뀌어요.

혼자서 뚝딱뚝딱

1 실습파일을 열어 작성 조건대로 슬라이드 쇼를 재구성한 후 슬라이드 쇼를 실행시켜 보세요.

· 실습파일 : 오피스 프로그램.pptx　　· 완성파일 : 오피스 프로그램(쇼).pptx

작성 조건

· 슬라이드 쇼 이름 : MS 오피스
· 재구성한 쇼에 있는 슬라이드
1. 마이크로소프트 오피스 2016
2. 파워포인트(PowerPoint)
3. 엑셀(Excel)
4. 워드(Word)

📖 **과학3-2** ▶ 동물의 생활

2 실습파일을 열어 다음과 같이 슬라이드 쇼를 재구성(슬라이드 쇼 이름 : 동물 분류)하고 슬라이드 쇼 설정에서 펜 색을 '주황'으로 설정한 후 슬라이드 쇼를 실행시켜 펜으로 그려 보세요.

· 실습파일 : 동물의 분류.pptx　　· 완성파일 : 동물의 분류(쇼).pptx

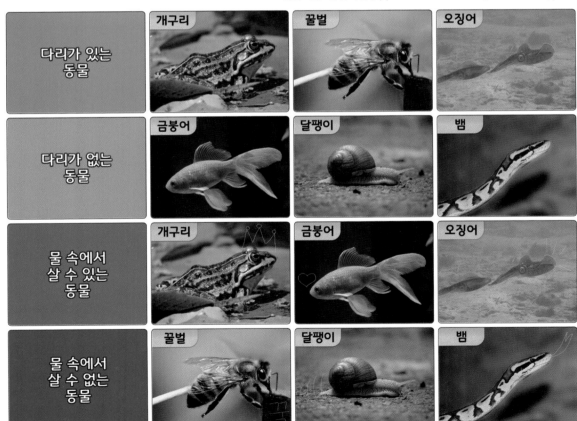

22 슬라이드 마스터로 달고나 레시피 만들기

학습목표

- 슬라이드 마스터가 무엇인지 이해할 수 있습니다.
- 모든 슬라이드에 적용되는 슬라이드 마스터를 편집할 수 있습니다.
- 해당 슬라이드에 적용되는 슬라이드 레이아웃을 편집할 수 있습니다.

☆ 슬라이드 마스터   슬라이드 수가 많은 문서에 로고를 깜빡해서 넣지 않았다면 복사해서 붙여 넣느라 시간이 많이 걸리겠죠?
슬라이드 마스터 하나만 편집하면 모든 슬라이드에 적용되기 때문에 빠르게 작업할 수 있어요.

실습파일 : 이미지 파일(배경, 로고, 재료, 만들기1~6)   완성파일 : 추억의 달고나.pptx

미리보기

내가 직접 만든
추억의 달고나

홍지민 연구원

JMT 연구소

재료부터 알아볼까요?

설탕, 소다, 나무젓가락, 국자, 밀판, 누름판, 모형틀,
종이호일

달고나 만들기

6. 모양을 조심이 뜯어내면 완성-!!

1 슬라이드 마스터 편집하기

01 새 프레젠테이션을 열고 슬라이드 크기를 변경하기 위해 **[디자인] 탭-[사용자 지정] 그룹-[슬라이드 크기]-[표준(4:3)]**을 클릭해요.

02 슬라이드 마스터를 열기 위해 **[보기] 탭-[마스터 보기] 그룹-[슬라이드 마스터]**를 클릭해요.

03 축소판 그림 창에서 맨 위의 **'Office 테마 슬라이드 마스터'**를 선택하고 슬라이드의 빈 곳에서 마우스 오른쪽 버튼을 클릭하여 **[배경 서식]**을 클릭해요.

04 **[배경 서식]** 창에서 **[채우기]-[그림 또는 질감 채우기]**를 선택하고 **[파일]** 버튼을 클릭한 후 **[22차시]** 폴더의 **'배경.jpg'**를 선택한 후 [삽입]을 클릭해요.

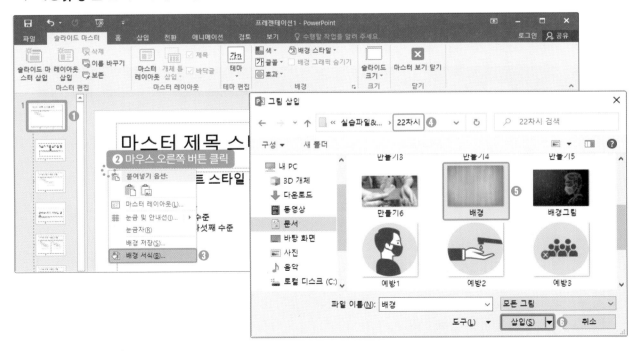

05 배경 그림이 모든 슬라이드에 적용된 것을 확인하고 로고를 삽입하기 위해 **[삽입] 탭-[이미지] 그룹-[그림]**
을 클릭하여 [22차시] 폴더의 **'로고.png'**를 삽입한 후 다음과 같이 배치해요.

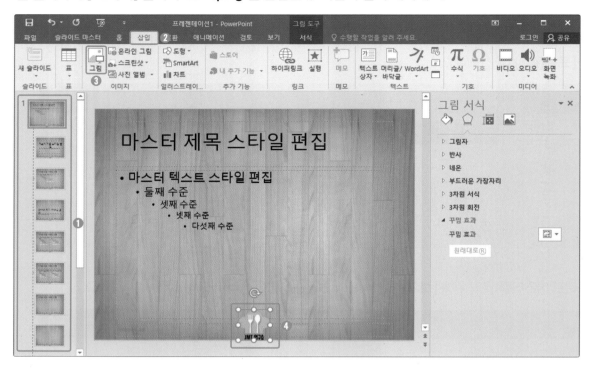

 2 제목 슬라이드 레이아웃 편집하기

01 축소판 그림 창에서 **'제목 슬라이드 레이아웃'**을 선택하여 제목 개체 틀의 조정 핸들을 드래그하여 크기를 조
정하고, **[도형 서식]** 작업 창에서 **[도형 옵션]-[채우기 및 선]-[채우기]-[단색 채우기]-[흰색, 배경 1]**을 지
정해요.

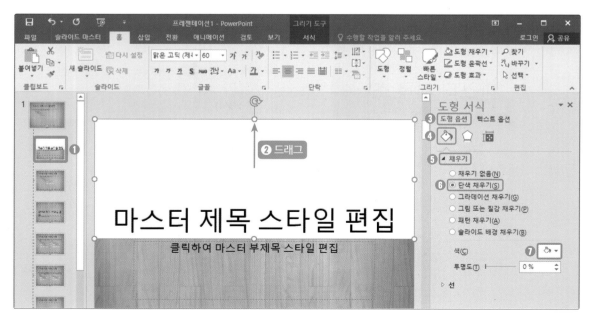

02 제목 개체 틀의 글꼴을 변경해요.

· ❶ 글꼴(경기천년제목 Medium)

03 부제목 개체 틀의 글꼴과 텍스트 맞춤을
변경해요.

· ❹ 글꼴(경기천년제목 Light)
❻ 텍스트 맞춤(아래쪽)

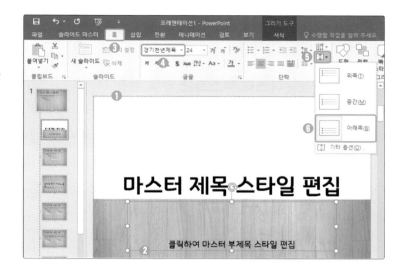

 ③ 제목 및 내용 레이아웃 편집하기

01 축소판 그림 창에서 **'제목 및 내용 레이 아웃'**을 선택하고 제목 개체 틀의 조정 핸 들을 드래그하여 위치를 이동하고 글꼴 을 변경한 후 맞춤을 지정해요.

· ❹ 글꼴(경기천년제목 Medium)
❺ 가운데 맞춤

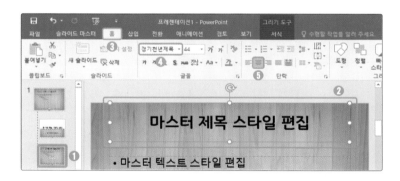

02 제목 개체 틀 아래에 **직사각형**을 삽입하고 **[도형 서식]** 창의 **[채우기 및 선]**에서 채우기 색과 선을 설정한 후 **[효과]**에서 그림자를 설정해요.

· ❺ 채우기 색(흰색, 배경 1) ❼ 선(선 없음) ⓫ 그림자(오프셋 대각선 오른쪽 아래)

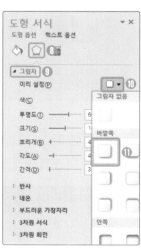

03 직사각형을 마우스 오른쪽 버튼으로 클릭하여 **[맨 뒤로 보내기]** 설정한 후 내용 개체 틀의 조정 핸들을 드래그하여 크기를 조정해요.

04 둘째 수준부터 다섯째 수준까지 드래그하여 선택한 후 [Delete]를 눌러 삭제해요.

05 '마스터 텍스트 스타일 편집' 텍스트를 드래그하여 글꼴과 글꼴 크기를 설정한 후 **글머리 기호를 없애고 [줄 간격]-[줄 간격 옵션]**을 클릭해요.

06 [단락] 대화상자에서 간격을 설정한 후 [확인]을 클릭해요.

• ❸ 글꼴(경기천년제목 Light) ❹ 글꼴 크기(22pt) ❾ 단락 앞(0pt) ❿ 줄 간격(1줄)

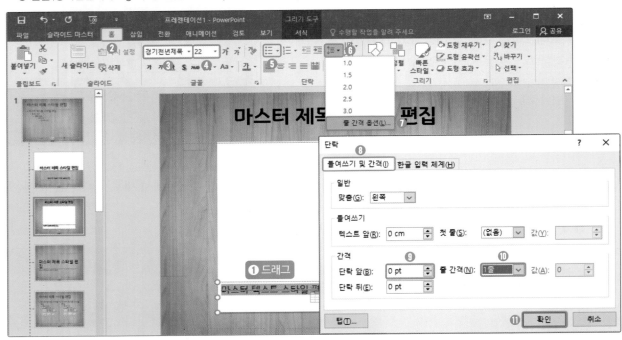

07 슬라이드 마스터 작업을 완료했어요. **[슬라이드 마스터] 탭-[닫기] 그룹-[마스터 보기 닫기]**를 클릭하여 슬라이드 마스터 편집 화면에서 빠져나와요.

④ 내용 입력하기

01 제목 슬라이드에 제목과 여러분의 이름을 입력해요.

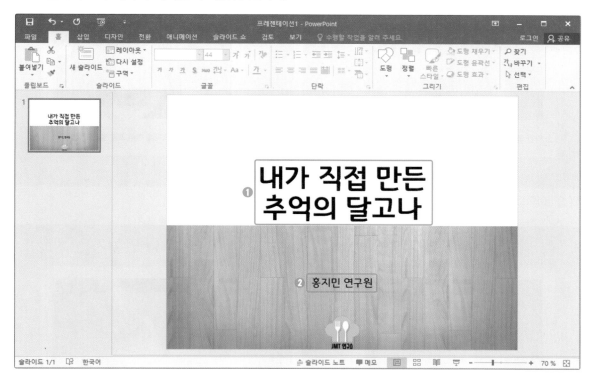

02 축소판 그림 창에서 **1번 슬라이드**를 선택하고 [Enter]를 **7번** 눌러 8번 슬라이드까지 추가한 후 **2번 슬라이드** 를 선택하여 제목과 내용을 입력하고 '**재료.png**' 그림을 삽입해요.

03 같은 방법으로 **3~8번 슬라이드**에 제목과 내용을 입력하고 **'만들기1.jpg'~'만들기6.jpg'** 그림을 삽입하여 다음과 같이 만들어요.

▲ 3번 슬라이드

▲ 4번 슬라이드

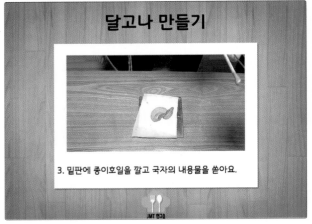

▲ 5번 슬라이드

▲ 6번 슬라이드

▲ 7번 슬라이드

▲ 8번 슬라이드

1 새 프레젠테이션을 열어 작성 조건대로 슬라이드 크기를 설정하고 슬라이드 마스터를 작성한 후 다음과 같이 텍스트와 그림을 입력하여 '코로나19 예방 수칙.pptx'로 저장해 보세요.

· 실습파일 : 이미지 파일(배경그림, 예방1~5)   · 완성파일 : 코로나19 예방 수칙.pptx

· 슬라이드 크기 : 표준(4:3)
· Office 테마 슬라이드 마스터 : 배경을 '배경그림.jpg' 파일로 채우기
· 제목 슬라이드 레이아웃(슬라이드 1)   · 제목만 레이아웃(슬라이드 2~6)

– 제목 스타일 : 글꼴(휴먼모음T), 글꼴 크기(60pt)   – 제목 스타일 : 글꼴(휴먼모음T),
– 부제목 스타일 : 글꼴(휴먼모음T), 글꼴 크기(24pt)   글꼴 크기(36pt)

23

학습목표

서식 파일로 여행 브로슈어 만들기

- 마이크로소프트 홈페이지에서 서식 파일을 내려받을 수 있습니다.
- 서식 파일을 열어 텍스트를 수정할 수 있습니다.
- 그림을 변경할 수 있습니다.

서식 파일 붕어빵 틀에 반죽과 함께 넣는 재료에 따라 다른 붕어빵이 나오죠? 서식 파일도 마찬가지예요. 디자인 틀과 내용이 미리 입력되어 있는 서식 파일에 내용이나 그림만 변경하면 원하는 문서를 금방 만들어낼 수 있어요.

실습파일 : 이미지 파일(기린, 선물)   완성파일 : 여행 브로슈어.pptx

미리보기

사람이 여행을 하는 것은
도착하기 위해서가 아니라
여행하기 위해서이다.
-괴테

함께
투어

회사 소개

함께투어는 언제든지 함께 하고픈
따뜻한 여행사입니다. 여행에 대한
전문적인 노하우뿐만 아니라 사람에
대한 따뜻한 정이 가득한 사람들이
모인 여행사입니다.

졸업여행, 가족여행, 배낭여행, 신혼
여행, 자유여행, 패키지여행 등 어떤
형태의 여행이라도 여러분과 함께하
겠습니다.

자유롭고 편안한 여행을 원하신다면
저희 함께투어와 함께하십시오.

"여행을 예약하는
것이 아닙니다.
원하는 경험에 대
한 느낌을 알려 주
시면 꿈꾸던 여행
을 실현할 수 있도
록 도와 드립니다."

서비스 혜택
다양한 파트너 네트워크를 통해 우
수한 여행 서비스를 제공합니다.

- 여권 처리
- 당일 여행 계획
- 호텔, 항공권, 이동편 구성
- 여행자 보험

초등학생 특별 서비스

- 가장 친한 친구 한 명 공짜
- 항공기 1등석으로 업그레이드
- 캐릭터 여행가방 50% 할인
- 여행 앨범 무료 제작
- 여행후기 남기면 BTS 콘서트 티
켓 제공
- 함께투어 어린이 기자단 선발

01 크롬이나 마이크로소프트 엣지 등의 웹 브라우저를 실행한 후 **"마이크로소프트 서식 파일"**을 검색하여 **'서식 파일 – Microsoft Office templates – Office 365'**를 클릭해요.

02 검색 상자에 **"여행 브로슈어"**를 검색한 후 **'3면 여행 브로슈어(빨강, 금색, 파랑 디자인)'**을 클릭해요.

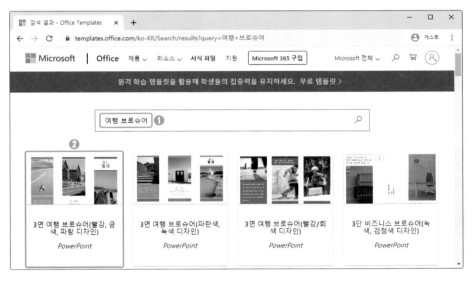

브로슈어란 광고나 설명을 하기 위해 만든 얇은 책자를 의미해요.

03 **[다운로드]** 버튼을 클릭한 후 내려받은 파일을 클릭하여 실행해요.

01 서식 파일이 열리면 노란색 알림줄의 **[편집 사용]**을 클릭한 후 레이아웃을 확인하기 위해 **[보기] 탭-[마스터 보기] 그룹-[슬라이드 마스터]**를 클릭해요.

02 2개의 레이아웃으로 구성된 것을 확인하고 두 레이아웃 모두 슬라이드 밖에 있는 **안내문구 텍스트 상자**를 선택하여 Delete 를 눌러 삭제한 후 **[마스터 보기 닫기]**를 클릭해요.

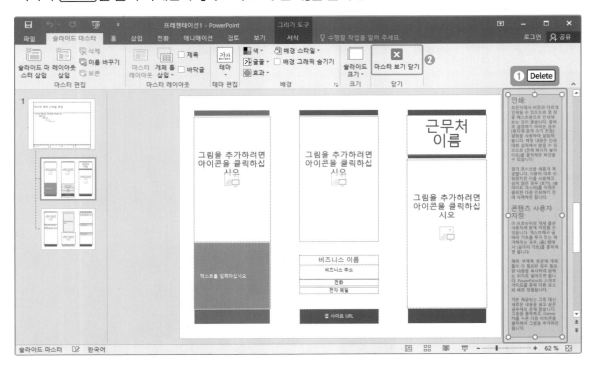

③ 1번 슬라이드 내용 수정하기

01 **1번 슬라이드**의 내용을 다음과 같이 수정해요.

❶ 함께 투어 ❷ 함께 투어 ❸ 제주특별자치도 서귀포시 중앙동 123 ❹ (064)753-8282 ❺ contact@withtour.com
❻ www.withtour.com ❼ 사람이 여행을 하는 것은 도착하기 위해서가 아니라 여행하기 위해서이다. −괴테

02 브로슈어 표지의 그림을 바꾸기 위해 그림을 선택하여 Delete 를 눌러 삭제한 후 **그림 아이콘(🖥)**을 클릭하여 [23차시] 폴더의 **'기린.jpg'** 그림을 삽입해요.

01 **2번 슬라이드**의 내용을 다음과 같이 수정해요.

❶ 내용 수정 후 글꼴 크기(11pt) 변경

❷ 글꼴 크기(11pt) 변경

❸ 내용 수정 후 글꼴 크기(11pt) 변경

❹ 내용과 개체 틀 삭제 후 [23차시] 폴더의 '선물.jpg' 그림 삽입

회사 소개

함께투어는 언제든지 함께 하고픈 따뜻한 여행사입니다. 여행에 대한 전문적인 노하우뿐만 아니라 사람에 대한 따뜻한 정이 가득한 사람들이 모인 여행사입니다.

졸업여행, 가족여행, 배낭여행, 신혼여행, 자유여행, 패키지여행 등 어떤 형태의 여행이라도 여러분과 함께하겠습니다.

자유롭고 편안한 여행을 원하신다면 저희 함께투어와 함께하십시오.

❶

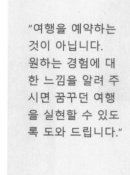

"여행을 예약하는 것이 아닙니다. 원하는 경험에 대한 느낌을 알려 주시면 꿈꾸던 여행을 실현할 수 있도록 도와 드립니다."

서비스 혜택
다양한 파트너 네트워크를 통해 우수한 여행 서비스를 제공합니다.
• 여권 처리
• 당일 여행 계획
• 호텔, 항공권, 이동편 구성
• 여행자 보험

❷

초등학생 특별 서비스
• 가장 친한 친구 한 명 공짜
• 항공기 1등석으로 업그레이드
• 캐릭터 여행가방 50% 할인
• 여행 앨범 무료 제작
• 여행후기 남기면 BTS 콘서트 티켓 제공
• 함께투어 어린이 기자단 선발

❸

❹

💡 초등학생 특별 서비스에 여러분들이 받고 싶은 서비스를 입력해 보세요.

02 **[파일] 탭-[다른 이름으로 저장]**을 클릭하여 폴더를 선택하고 **"여행 브로슈어"**를 입력한 후 **[저장]**을 클릭해요.

혼자서 뚝딱뚝딱

1 마이크로소프트 서식 파일 사이트에서 "허블"을 검색하여 '3D PowerPoint 프레젠테이션(허블 망원경 모델)'을 내려받은 후 1번 슬라이드를 다음과 같이 수정하고 슬라이드 쇼로 감상해 보세요.

· 실습파일 : 없음   · 완성파일 : 허블 우주 망원경.pptx

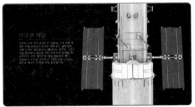
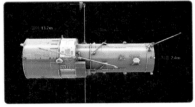

작성 조건

우주에서 날아오는 빛은 지구 대기를 통과하면서 빛의 산란이 일어나기 때문에 우주의 원래 모습을 선명하게 관측하려면 대기권 밖의 우주 공간에서 관측해야 합니다.
1990년 우주 왕복선을 통해 우주 공간에 띄운 허블 우주 망원경의 모습을 자세하게 살펴볼까요?

📖 **체육 4** ▷ 농구형 게임을 해요.

2 [파일]-[새로 만들기]를 클릭하여 검색 상자에 "농구"를 검색한 후 '농구 프레젠테이션(와이드스크린)'을 선택하여 1~3번 슬라이드로 다음과 같이 만들어 보세요.

· 실습파일 : 이미지 파일(농구1, 농구2)   · 완성파일 : 농구형 게임.pptx

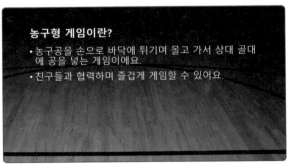

24

액티비티

두더지 잡기 게임

여러 개의 구멍에서 마음대로 튀어 오르는 두더지를 망치로 때려서 잡는 두더지 잡기 게임을 해본 적이 있나요? 두더지가 어디서 나올지도 모르고 잠깐 나왔다가 사라지기 때문에 정말 박진감 넘치는 게임인데요. 파워포인트로 두더지 잡기 게임을 만들어 볼까요?

실습파일 : 두더지 잡기.pptx, 폭탄.png　　완성파일 : 두더지 잡기(완성).pptx

미리보기

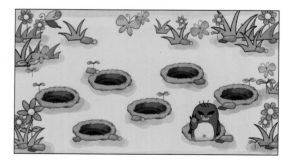

1 게임 시작 버튼 하이퍼링크 설정하기

01 [24차시]의 '**두더지 게임.pptx**' 파일을 열고 1번 슬라이드의 '**게임 시작**' 버튼을 클릭하면 2번 슬라이드로 연결되도록 설정해요.

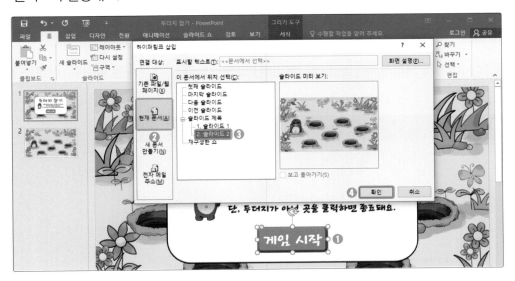

💡 '게임 시작' 버튼을 마우스 오른쪽 버튼으로 클릭하여 [하이퍼링크]를 클릭해요.

 2 두더지 나타났다 사라지게 하기

01 두더지가 나타나게 하기 위해 2번 슬라이드의 두더지를 선택하고 [**애니메이션**] 탭-[**애니메이션**] 그룹의 [자세히(▼)] 버튼을 클릭하여 **추가 나타내기 효과**를 클릭한 후 [**기본 효과**]-[**내밀기**]를 선택해요.

02 [**타이밍**] 그룹에서 시작과 재생 시간을 설정한 후 [**애니메이션 창**]을 클릭하고 애니메이션 창의 효과 옆의 화살표(▼)를 클릭하여 [**효과 옵션**]을 선택해요. [**내밀기**] 대화상자에서 소리와 애니메이션 후를 설정하고 [확인]을 클릭해요.
- ❹ 시작(이전 효과 다음에) ❺ 재생 시간(1.5초) ❿ 소리(흡입기) ⓫ 애니메이션 후(애니메이션 후 숨기기)

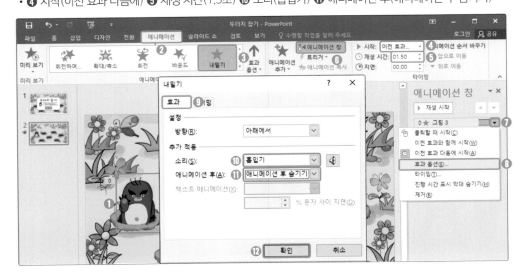

③ 두더지 클릭하면 사라지게 하기

01 두더지를 사라지게 하기 위해 두더지가 선택된 상태에서 **[애니메이션 추가]-[끝내기]-[온화한 효과]-[돌기]**를 선택한 후 애니메이션 창의 효과 옆의 화살표(▼)를 클릭하여 **[효과 옵션]**을 선택해요. **[돌기]** 대화상자에서 소리를 '**클릭**'으로 설정하고 [확인]을 클릭해요.

💡 원하는 효과가 보이지 않으면 [★ 추가 끝내기 효과(X)...]를 클릭해서 찾으면 돼요.

02 두더지를 클릭했을 때 사라지게 하기 위해 **[고급 애니메이션] 그룹-[트리거]-[클릭할 때]-[그림 3]**을 클릭해요.

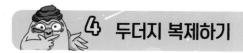 **④ 두더지 복제하기**

01 효과 적용이 완료된 두더지를 Ctrl+드래그하여 **6마리**를 복제합니다.

💡 복제 위치를 멀게 하면 게임이 더 재미있어져요.

5 폭탄 추가하기

01 게임 실행 중 **빈 곳**을 클릭하면 슬라이드가 그냥 종료되는데, 이때 **폭탄**이 터지게 하면 더 재미있어져요.

02 [삽입] 탭-[이미지] 그룹-[그림]을 클릭하여 [24차시] 폴더의 '**폭탄.png**' 그림을 삽입한 후 [**나타내기**]-[**나타내기**] 애니메이션을 삽입하고 효과 옵션에서 '**폭발**' 소리를 추가해요.

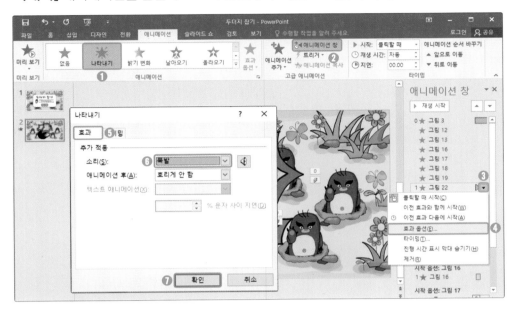

6 게임 즐기면서 난이도 조정하기

01 두더지 잡기 게임이 완성되었어요. [F5]를 눌러 게임을 해보세요.

02 게임이 쉽게 느껴지면 두더지의 내밀기 효과의 재생 시간을 짧게 설정해 보세요.

03 게임을 더 오래 하고 싶으면 두더지를 더 많이 복제해 보세요.

> 💡 폭탄을 만든 이후에 두더지를 복제하게 되면 폭탄이 터지고 나서 추가로 만든 두더지가 나타나요. 이 경우 애니메이션 창에서 폭탄 애니메이션을 드래그하여 맨 뒤로 보내면 돼요.

MEMO